船体结构有限元建模与分析

（第二版）

熊志鑫 编著

上海交通大学出版社
SHANGHAI JIAO TONG UNIVERSITY PRESS

内容提要

本书共分为 7 章。第 1 章和第 2 章阐述了有限元方法的基本思想和基本理论,介绍了有限元的建模方法,包括网格划分的基本原则、结构的模型化以及入级规范的要求;第 3 章介绍了通用有限元软件的基本操作、结构模型建立以及梁和板单元的分析实例;第 4 章至第 7 章分别介绍了船用起重机支撑结构、锚机基座及掣链器支撑结构、系泊支撑结构、横向强度、三舱段、全船有限元等有限元分析,详述了船体结构振动、疲劳、噪声以及复合材料的有限元分析方法。本书侧重实例分析,通过工程案例讲解,以增强实用性。

本书可作为高等院校船舶与海洋工程本科专业学生的教科书和教学参考书,也适合培养读者的自学能力和分析、解决问题的能力;同时可供船舶设计、建造、检验和使用部门工程技术人员参考使用。

图书在版编目(CIP)数据

船体结构有限元建模与分析/熊志鑫编著. —2 版
. —上海:上海交通大学出版社,2024.8
　ISBN 978 - 7 - 313 - 30704 - 0

Ⅰ.①船… Ⅱ.①熊… Ⅲ.①船体结构–结构设计–系统建模②船体结构–有限元分析　Ⅳ.①U661.42

中国国家版本馆 CIP 数据核字(2024)第 094700 号

船体结构有限元建模与分析(第二版)
CHUANTI JIEGOU YOUXIANYUAN JIANMO YU FENXI(DI-ERBAN)

编　　著:	熊志鑫		
出版发行:	上海交通大学出版社	地　　址:	上海市番禺路 951 号
邮政编码:	200030	电　　话:	021 - 64071208
印　　制:	上海万卷印刷股份有限公司	经　　销:	全国新华书店
开　　本:	787mm×1092mm　1/16	印　　张:	12.25
字　　数:	289 千字		
版　　次:	2014 年 6 月第 1 版　2024 年 8 月第 2 版	印　　次:	2024 年 8 月第 2 次印刷
书　　号:	ISBN 978 - 7 - 313 - 30704 - 0	电子书号:	ISBN 978 - 7 - 89424 - 785 - 8
定　　价:	58.00 元		

第一版前言

目前,在船舶与海洋工程结构领域,舱段分析、全船有限元分析、船舶局部结构强度计算,已被船东及船级社在设计中越来越普遍地采用。船级社等机构已越来越多地在规范中要求采用结构的直接计算判断结构强度合格与否,对于一些用新材料建造的船舶及新型结构的船舶设计,有限元分析更是设计者的重要依据之一。因此,提升船舶与海洋工程专业本科生在这方面的素养是十分必要的。笔者在攻读博士研究生期间,曾在船舶设计公司参与船体结构设计和强度分析工作,并专职从事船体结构有限元分析,深刻地体会到作为一名刚迈出大学校门的学生,全方位历经了从无到有、从不会到熟悉、从新手到熟练的学习工作过程,深感一本工程设计工作所需的专业知识、技能以及在船体结构有限元分析教材的重要性。通过培养学生对船体结构有限元建模和分析的能力,可以优化船舶及新型结构的船舶设计,缩短设计周期,推动船舶行业的信息化技术,满足日益发展的船舶市场要求。

根据上海地方院校内涵建设工程(以下简称"085工程")中长期规划和船舶与海洋工程的"卓越工程师"培训计划,需要侧重为各大造船企业和地方船厂培养基础扎实、专业知识广泛、动手能力强、具有创新精神和实践能力的复合型、应用型船舶与海洋工程高级工程技术人才,一本适合和创新的教材显得尤为迫切。

全书共分为6章,第1章介绍了有限元方法及其在船舶结构中的应用;第2章和第3章详尽叙述了船体结构的建模方法及加载分析过程,并赋予了丰富的工程实例;第4章和第5章分别简要介绍了船体振动、疲劳及噪声有限元分析的方法;第6章结合大型通用结构建模分析软件Patran/Nastran,详细介绍了结构的几何建模、网格划分、加载与求解及后处理等技术。

全书编著工作由熊志鑫负责,第1章的介绍部分由邓轲参与编写,第5章的噪声分析部分应用了夏侯命胜提供的工程计算实例。此外,本书编写还得到"085"工程专项资金支持,在此一并表示感谢。

　　本教材的编写,着重讲述了规范、面向工程应用的船体结构强度有限元建模与分析,并加入大量工程实例说明,这将有助于从基础理论到工程实践的衔接,能帮助学生更快速地进入工作角色,适应船舶设计的要求,从而达到培养"卓越工程师"的目的。教材适用于船舶与海洋工程专业的在校本科生学习,也可供其他从事船舶与海洋工程的技术人员和教师参考。

　　由于编者水平有限,书中存在的不当之处,恳请读者批评和指正。

编 者

2014 年 6 月

第二版前言

为满足教学便利的要求,将第 6 章软件建模功能的介绍提前到实例之前。为适应最新技术的发展,增加了复合材料的船体结构有限元建模分析章节。为了学生课后的需要,增加了附录——Patran 软件部分使用技巧。具体的调整如下:

(1) 将 1.2 节调整到第 1 章的 1.1 节。

(2) 将第 6 章调整为第 3 章,并将 6.4 节调整为原第 4 章的 4.7 节部分。

(3) 扩充了第 6 章的内容。

(4) 增加了第 7 章。

(5) 本书增加了丰富的数字资源,如高清图片、拓展资料等。

(6) 对全书的图片进行了更新,对全书文字进行了再次校对。

编 者

2024.3

目　录

第 1 章 有限元方法概述

1.1 有限元方法的基本思想与研究现状

有限元方法是解决工程和数学物理问题的数值方法,也称为有限元方法,是伴随着电子计算机技术的进步而发展起来的一种新兴数值分析方法,是力学、应用数学与现代计算技术相结合的产物,是矩阵方法在结构力学和弹性力学等领域中的发展和应用。实际上,有限元方法是一种对问题控制方程进行近似求解的数值分析求解法,在数学上对其适用性、收敛性等都有较严密的推理和证明。有限元方法是一种高效能、常用的计算方法,在早期是以变分原理为基础发展起来的,所以它广泛地应用于以拉普拉斯方程和泊松方程所描述的各类物理场中(这类场与泛函的极值问题有着紧密的联系)。自从 1969 年以来,某些学者在流体力学中应用加权余数法中的迦辽金法(Galerkin method)或最小二乘法等同样获得了有限元方程,因而有限元方法可应用于以任何微分方程所描述的各类物理场中,而不再要求这类物理场与泛函的极值问题有所联系,去用给定的泊松方程化为求解泛函的极值问题,由于其通用性和有效性,有限元方法在工程分析中得到了广泛的应用,已成为计算机辅助设计和计算机辅助制造的重要组成部分。20 世纪 60 年代末,有限元方法出现后,由于当时理论尚处于初级阶段,而且计算机的硬件及软件也无法满足需求,因此无法在工程中得到普遍的应用。从20 世纪 70 年代初开始,一些公司开发出了通用的有限元应用程序,它们以其强大的功能、简便的操作方法、可靠的计算结果和较高的效率而逐渐成为结构工程中强有力的分析工具。

1.1.1 有限元方法的基本思想

有限元方法的基本思想是将结构物看成由有限个划分的单元组成的整体,将求解区域离散为一组有限个,且按一定方式相互连接在一起的单元组合体,以单元节点的位移或节点力作为基本未知量求解。由于单元能按不同的连接方式进行组合,且单元本身又可以有不同的形状,因此可以模型化几何形状复杂的求解区域。

有限元方法作为数值分析方法的一个重要特点是利用在每一个单元内假设近似函数来分片地表达求解域上的未知场函数。单元内的近似函数通常由未知场函数或导数在单元的各个节点的数值和其插值来表示。在利用有限元方法分析问题时,未知场函数或其导数在各个节点的数值就成为新的未知量(自由度),从而使一个连续的无限自由度问题成为离散的有限自由度问题。求解出这些未知量,就可以通过插值计算出各个单元内场函数的近似值,从而得到整个求解区域上的近似解。随着单元数目的增加(单元尺寸减小)或随着单元自由度的增加及插值函数的精度提高,解的近似程度不断改进,只要各单元是满足收敛要求的,近似解最后将会收敛于精确解。

1.1.2 有限元方法的发展

有限元方法的思想最早可以追溯到古人的"化整为零""化圆为直"的做法,如我国古代"曹冲称象"的故事,数学家刘徽采用割圆法来对圆周长进行计算。这些都体现了离散逼近的思想,即采用大量的简单小物体来"充填"出复杂的大物体。

早在 1870 年,英国科学家瑞利(Rayleigh)就采用假想的"试函数"来求解复杂的微分方程,1909 年里兹(Ritz)将其发展成为完善的数值近似方法,为现代有限元方法打下坚实基础。20 世纪 40 年代,由于航空事业的飞速发展,设计师需要对飞机结构进行精确的设计和计算,便逐渐在工程中产生了的矩阵力学分析方法;1943 年,库朗(Courant)发表了第一篇使用三角形区域的多项式函数来求解扭转问题的论文;1956 年波音公司的特纳(Turner)等人在分析飞机结构时系统研究了离散杆、梁、三角形的单元刚度表达式;1960 年克拉(Clough)在处理平面弹性问题时,第一次提出并使用"有限元方法"(finite element method)的名称;1955 年德国的阿尔吉里斯(Argyris)出版了第一本关于结构分析中的能量原理和矩阵方法的书,为后续的有限元研究奠定了重要的基础;1967 年奇恩凯维奇(Zienkiewicz)和张(Cheung)出版了第一本有关有限元分析的专著;1970 年以后,有限元方法开始应用于处理非线性和大变形问题。我国的一些学者也在有限元领域作出了重要的贡献,如胡海昌于1954 提出了广义变分原理;钱伟长最先研究了拉格朗日乘子法与广义变分原理之间关系;钱令希在 20 世纪 50 年代就研究了力学分析的余能原理;冯康在 20 世纪 60 年代就独立地,并先于西方奠定了有限元分析收敛性的理论基础。图 1.1 展示了有限元方法的发展过程。

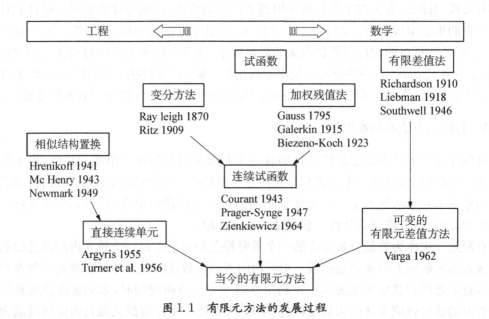

图 1.1　有限元方法的发展过程

1.1.3 有限元软件的应用

经过近 50 年的发展,有限元方法的理论日趋完善,已经开发出了通用和专用的有限元软件。当前国际上流行的大型结构有限元分析软件,广泛地应用于航空航天、船舶、建筑等行业,是一种通用程序,可以用它进行多种行业、多种类型的有限元分析。结合有限元通用软件可以高效准确地建立分析结构的三维实体模型,自动或手动生成有限元网格,建立相应的约束及载荷工况,并自动进行有限元求解,对模态分析计算结果进行图形显示和结果输出,对结构的动态特性做出评价。它包括静力分析、屈曲分析、动力学分析、灵敏度分析、热传导分析和流固耦合分析等众多功能模块。

1. 可视化的前置建模和后置数据处理功能

伴随数值分析方法的持续优化,尤其是计算机运算速度的疾速演进,整个计算系统用于求解运算的时间大幅减少。于当下的工程工作站而言,求解包含 10 万个方程的有限元模型,只需数十分钟即可。但是,如果用手工方式来建立这个模型,再处理大量的计算结果,却需耗费数周时间。可以毫不夸张地讲,工程师在分析计算一个工程问题时,有 80% 以上的精力都花在数据准备和结果分析上。因此,几乎所有的商业化有限元软件都具有功能很强的前置建模和后置数据处理模块。在强调"可视化"的当下,众多程序均创建了对用户非常友好的图形操作界面,使用户能以可视化的图形方式直观快速地进行网格自动划分,生成有限元分析所需的数据。并按要求将大量的计算结果整理为变形图或等值分布云图,以便于数值搜索与列表输出。

2. 与计算机辅助设计(CAD)软件的无缝集成

当今有限元分析系统的另一个特点是与通用 CAD 软件的集成,即在用 CAD 软件完成零部件的造型设计后,自动生成有限元网格并进行计算。如果分析的结果不符合设计要求,则重新进行造型和计算,直到满意为止,从而极大地提高了工程师的设计水平和效率。工程师可以在集成 CAD 和有限元的软件中快捷地解决一个在以前无法处理的复杂工程问题。所以,几乎所有的商业化有限元软件都开发了与 CAD 软件的接口。

3. 从单纯的结构力学计算发展到求解物理场问题

近年来,有限元方法已发展到流体力学温度场、电传导、磁场、渗流和声场等问题的求解计算,最近又发展到求解交叉学科的问题。例如,当气流流过一个很高的铁塔时,就会使铁塔产生变形,而铁塔的变形又反过来影响气流的流动等问题,就需要用固体力学和流体动力学的有限元分析结果交叉迭代求解,即所谓"流固耦合"问题。

4. 由求解线性工程问题发展到分析非线性问题

伴随科学技术的进步,线性理论已远远不能满足设计的要求。例如,建筑行业中的高层建筑与大跨度悬索桥的涌现,便需考虑结构的大位移和大应变等几何非线性问题;航天及动力工程的高温部件存在热变形和热应力,也要考虑材料的非线性问题;塑料、橡胶和复合材料等新材料的出现,仅靠线性计算理论已无法解决问题,只有运用非线性有限元算法才能解决。当然,非线性的数值计算是很复杂的,它涉及诸多专门的数学问题和运算技巧,普通的工程技术人员很难掌控。

5. 有限元方法在船舶工业中的应用

在我国的造船界,有限元技术的发展开始于 20 世纪 70 年代,经过 20 多年时间的开发,一些中小型的专用程序被广泛采用在船舶结构分析中,然而由于我国大型综合性分析系统研制工作起步较晚,尚未形成具有国际竞争力的规模性软件。在船舶工业研究领域,除了各大船级社推出的各自集成的设计计算系统(如英国劳氏船级社的 SHIPRG 系统,美国船级社的 SAFEHULL 系统等),目前国内主要采用的有限元分析软件大多是引进国外生产商的大型通用有限元结构分析软件,主要有 MSC. PATRAN/NASTRAN、ANSYS、ABAQUS、SESAM、VERISTARHULL 等。这些程序已被广泛应用到船舶结构分析的各个领域,并已取得了一定的成就。

1.2 有限元方法的分析过程与解法

1.2.1 有限元方法的分析过程

(1) 假想把连续系统(包括杆系、连续体、连续介质)分割成数目有限的单元,单元之间只在数目有限的指定点(称为节点)处相互连接,构成一个单元集合体来代替原来的连续系统。在节点上引进等效载荷(或边界条件),代替实际作用于系统上的外载荷(或边界条件)。

(2) 对每个单元有分块近似的思想,按一定的规则(由力学关系或选择一个简单的函数)建立求解未知量与节点相互作用(力)之间的关系(力—位移、热量—温度、电压—电流等)。

(3) 把所有单元的这种特性关系按一定的条件(变形协调条件、连续条件或变分原理及能量原理)集合起来,引入边界条件,构成一组以节点变量(位移、温度、电压等)为未知量的代数方程组,求解就得到有限个节点处的待求变量。

所以,有限元方法实质上是把具有无限个自由度的连续系统,理想化为只有有限个自由度的单元集合体,使问题转化为适合于数值求解的结构型问题。

有限元方法的基本思想是将连续的求解区域离散为一组有限个,且按一定方式相互联结在一起的组合体。由于单元能按不同的联结方式进行组合,且单元本身又可以有不同形状,因此可以模型化几何形状复杂的求解域。有限元方法作为数值分析方法的另一个重要特点是利用在每一个单元内假设的近似函数来分片地表示求解域上待求的未知场函数,从而使一个连续的无限自由度问题变成离散的有限自由度问题。一经求解出这些未知量,就可以通过插值函数计算出各个单元内场函数的近似值,从而得到整个求解域上的近似解。显然随着单元数目的增加,也即单元尺寸的缩小或者随着单元自由度的增加及插值函数精度的提高,解的近似程度将不断改进。如果单元是满足收敛要求的,近似解最后将收敛于精确解。有限元方法的出现是数值分析方法研究领域内重大的突破性进展。

1.2.2 有限元方法的解法

对于不同物理性质和数学模型的问题,有限元求解法的基本步骤是相同的,只是具体公式推导和运算求解不同。有限元求解问题的基本步骤通常如下:

第一步:问题及求解域定义。根据实际问题近似确定求解域的物理性质和几何区域。

第二步:求解域离散化。将求解域近似为具有不同有限大小和形状且通过单元节点彼此相连的有限个单元组成的离散域,习惯上称为有限元网络划分。显然单元越小(网络越细)则离散域的近似程度越好,计算结果也越精确,但计算量及误差都将增大,因此求解域的离散化是有限元方法的核心技术之一。

第三步:确定状态变量及控制方法。一个具体的物理问题通常可以用一组包含问题状态变量边界条件的微分方程式表示,为适合有限元求解,通常将微分方程化为等价的泛函形式。

第四步:单元推导。对单元构造一个适合的近似解,即推导有限单元的列式,其中包括选择合理的单元坐标系,建立单元式函数,以某种方法给出单元各状态变量的离散关系,从而形成单元刚度矩阵。

为保证问题求解的收敛性,单元推导有许多原则要遵循。对工程应用而言,重要的是应注意每一种单元的解题性能与约束。例如,单元形状应以规则为好,畸形时不仅精度低,而且有缺失的危险,将导致无法求解。

第五步:组装求解。将单元总装形成离散域的总矩阵方程(联合立方程组),反映对近似求解域的离散域的要求,即单元函数的连续性要满足一定的连续条件。组装是在相邻单元节点进行,状态变量及其导数(可能的话)连续性建立在节点处。

第六步:联立方程组求解和结果解释。有限元方法最终形成联立方程组。联立方程组的求解可用直接法、迭代法等。求解结果是单元节点处状态变量的近似值。对于计算结果的质量,将通过与设计准则提供的允许值比较来评价并确定是否需要重复计算。

简言之,有限元分析可分成三个阶段:前处理、求解和后处理。前处理是建立有限元模型,完成单元网格划分;后处理则是求解后分析结果,使用户能简便提取信息,从而了解计算结果。

1.2.3　有限元方法的收敛性

有限元方法是一种数值方法,因此应考虑该方法的收敛性问题。

有限元方法的收敛性是指当网格逐渐加密时,有限元解答的序列收敛到精确解;或者当单元尺寸固定时,单元的自由度数越多,有限元的解答就越趋近于精确解。

有限元方法的熟练条件包括以下四个方面:

(1) 在单元内,位移函数必须连续。多项式是单值连续函数,因此选择多项式作为位移函数,在单元内的连续性能够保证。

(2) 在单元内,位移函数必须包括常应变项。每个单元的应变状态均可以分解为不依赖于单元内各点位置的常应变和由各点位置决定的变量应变。当单元的尺寸足够小时,单元中各点的应变趋于相等,单元的变形比较均匀,因而常应变就成为应变的主要部分。为反映单元的应变状态,单元位移函数必须包括常应变项。

(3) 在单元内,位移函数必须包括刚体位移项。一般情况下,单元内任意一点的位移包括形变位移和刚体位移两部分。形变位移与物体形状及体积的改变相联系,因而产生应变;刚体位移只改变物体位置,不改变物体的形状和体积,即刚体位移是不产生变形的位移。在空间中,一个物体可以进行三个平动位移和三个转动位移,总共有六个刚体位移分量。

由于一个单元与其他单元相互关联,当其他单元发生变形时,必将带动该单元做刚体位移。例如一端固支的悬臂梁,自由端单元跟随相邻单元做刚体位移。由此可见,为模拟一个单元的真实位移,假定的单元位移数必须包括刚体位移项。

(4) 位移函数在相邻单元的公共边界上必须协调。对一般单元而言,协调性是指相邻单元在公共节点处有相同的位移,而且沿单元边界也有相同的位移,也就是说,要保证不发生单元的相互脱离、开裂和相互侵入重叠。要做到这一点,就要求位移函数在公共边界上能由公共节点的函数值唯一确定。对一般单元,协调性保证了相邻单元边界位移的连续性。但是,在板壳的相邻单元之间,还要求位移的一阶导数连续,只有这样才能保证结构的应变能是有界量。总的来说,协调性是指在相邻单元的公共边界上满足连续性条件。

前三个条件又叫完备性条件,满足完备性条件的单元叫完备单元;第四个条件是协调性要求,满足协调性的单元叫协调单元,否则称为非协调单元。完备性要求是收敛的必要条件,当四个条件全部满足时,构成收敛的充分必要条件。

在实际应用中,要使选择的位移函数全部满足完备性和协调性要求是比较困难的,在某些情况下可以放松对协调性的要求。需要指出的是,有时非协调单元比它对应的协调单元还要好,其原因在于近似解的性质。假定位移函数就相当于给单元施加了约束条件,使单元变形服从所加的约束,这样的替代结构比真实结构更强一些。但是,这种近似结构由于允许单元分离、重叠,使单元的刚度结构变软了或者形成了铰。例如板单元在单元之间挠度连续而转角不连续时,刚节点变为铰接点。对于非协调单元,上述两种影响有误差相抵消的可能,因此利用非协调单元有时也会得到较好的结果。在工程实践中,非协调单元必须通过分片试验后才能使用。

1.2.4 有限元求解船舶结构问题

无论是大型通用有限元程序,还是自行编制的专用程序,现阶段有限元分析求解船舶结构的问题可以归结为以下几大类。

1. 静力学问题

如今对新型船舶的设计进行应力计算已属常规工作要求。对整船结构进行强度分析已经很方便。结构静力分析也从原来的线性问题研究发展到对非线性问题(包括几何非线性和材料非线性)的研究;由原来的对小变形问题的分析发展到对大变形问题的分析。

2. 动力学问题

动力分析一直是船舶结构领域的一个难题。传统的计算方法是把船体简化为一等值梁,静置在"标准波浪"上,计算等值梁在重力和浮力作用下的纵向弯矩和垂向剪力,进而校核船体结构各部位的应力。显然,此方法不符合船舶在海浪中航行时结构受力的真实情况。有限元程序的出现使得应用水弹性理论、研究流固耦合对船舶结构的动力响应分析成为了可能。船与船、船与平台的碰撞过程也得到了很好的模拟。

3. 模态分析和振动预报

为了避免船舶结构固有频率与激励频率一致或相近,在船舶设计阶段,通常需要对船舶结构进行固有频率和模态分析。一些典型的结构有机舱板架、柴油机机架、上层建筑、雷达或导弹发射架等。其中还涉及结构相互耦合后的模态分析。

4. 稳定性和极限强度

船舶结构稳定性是船舶结构设计中的重要问题。近几年,随着船舶吨位不断增大,为了减轻船体的重量*,满足强度要求,多采用高强度钢。这使得船体结构构件剖面尺寸相对减小,结构刚度相对降低,结构的稳定性问题显得更为突出。由于加筋板格构成的船体板架是船体结构的主要部分,是船体最常用的结构单元,因此它的屈曲和极限强度分析向来是工程设计人员十分关心的。近 20 年来,广大造船工作者在板架和加筋板格的稳定性的计算方法、试验研究等方面做了不少研究,有限元方法也被广泛用于研究稳定性的问题。

5. 应力集中和疲劳寿命

大多数船舶海损事故是由船上舱口角隅处的应力集中引起的。应力集中的裂纹可蔓延到甲板甚至舷侧,严重的可以导致整艘船舶折断。应力集中通常是由结构不连续引起的,除了舱口角隅处外,船体上层建筑的端部、船侧的门、开孔及其他结构不连续的地方也会发生应力集中。因此如何减少应力集中又是船舶结构强度的另一个重要问题。在面内载荷作用下,焊缝不对中也会诱发弯曲应力,这种应力集中会对板的极限强度和焊缝的疲劳寿命产生致命的影响。船舶在海浪中航行,船舶构件承受随机交变载荷的作用,所以船体结构的疲劳强度一直被造船工作者所关注。

1.2.5　船体结构有限元建模分析

进行船体分析的第一步,是建立船体结构的有限元模型。船体结构有限元模型包括模型范围与模型采用的网格划分形式等。

在建立有限元模型之前,需要对结构可能发生的力学行为有大致的了解,以便对实际模型进行合理的结构简化,并采用适当的单元类型,因为每一种单元类型都有其局限性。通常只是用来模拟一种或有限的几种结构的行为,因此在很多情况下,第一个建立的模型不一定是合适的,通常需要进行一次或多次修改,修改网格大小或选择其他的单元类型,甚至重新简化结构。

有限元模型是否合理,直接影响计算结果的精度。不正确的有限元模型,会导致错误的结果。若未能及时发现,等到结构在营运过程中出现问题后才发现,再回头更改设计或修改结构所造成的损失或者直接引起的事故损失远比及早发现缺陷的损失巨大。因此,在结算前要认真地检验工程模型和有限元模型,确保没有因人为的疏忽而引起的错误。

1. 模型范围

船体结构有限元模型根据模型的范围,可以分为许多种类。现将几种常见船体的特点简单介绍如下。

(1) 整船模型。整船模型一般用于船体梁和船体梁主要构件的总体强度分析。对于主要构件的三维模型,载荷的加载非常理想,复杂船体结构的结构性能把不同构件之间的相互作用都可以考虑进去。原则上,如果将船体结构的所有纵向构件和横向构件都合理地离散

---

* 工程上所指的重量是指该物体的质量或受到的重力,若单位为吨(t),是指质量;若单位为吨力(tf)或牛(N),则是指重力。

成为足够细的有限元网格,对船体进行全船有限元分析,结构的纵向强度和横向强度分析可同时进行。

(2)舱段模型。舱段模型是用于部分船体梁和其主要构件的总体强度分析,例如,平行中体货舱区段与三维整船模型相似,舱段模型一般用于对主要构件进行复杂的、三维的强度性能分析。无论在何种装载条件和波浪条件下,从弯曲的角度来说,考虑船体受到的弯矩和剪力的分布,船中部附近舱室应力状态显然是最危险的。只要这个区域的强度能够得到满足,则全船的强度是可以满足要求的。所以对船舶进行强度分析和评估的关键在于当船舶处于最危险的装载和波浪条件时船中部附近舱室构件强度是否满足要求。

(3)框架和梁模型。此种模型用来分析框架/梁系统。例如,船中部和其相邻的横舱壁以及肋板框架组成的结构,或者双层底板架系统等。此时,有限元网格应该足够精确地描述关键部位的应力梯度,从而精确反映实际要求。

(4)局部结构模型。局部模型用于对次要构件或特殊构件进行强度分析,主要研究目的通常是分析局部结构特性。局部结构模型一般用来分析承受相对大变形的加强筋。例如,内底、外底上和肋板相交的纵骨,在舷侧和横舱壁相交的纵骨等。基于整船分析基础,为了更精确地获知主要结构构件或关键部位的应力水平和应力分布时采用局部有限元分析。

采用何种结构模型取决于所需考虑的响应类型和船体的结构布置。而所考虑的区域内的响应取决于该长度内船体刚度的变化,这时,有限元模型至少要把所考虑的区域全部包括在内。

模型的范围包括纵向范围和横向范围,并且,模型的范围取决于船舶结构本身以及载荷条件是否关于纵轴和横轴对称。通常,船舶的结构左、右(横向)对称,可以采用半宽的模型。对于结构或载荷不具备关于中纵剖面对称的情况,船体结构强度可直接计算,且应该在一个全宽的模型上进行。但是,如果边界条件取得合适,而且它们对分析结果的影响并不大,那么,即使是侧倾状态也可以用半宽的模型进行船体结构强度的直接计算。

建立三维舱段有限元模型,并不是完全包括所有的构件,局部的结构也不是完全按照实船建模的。舱段有限元模型对实际船舶结构进行了简化,模型中包括了全部的主要构件以及大的加强构件。中国船级社(CCS)规定,建立的三维有限元模型必须把所有的主要纵向构件和横向构件都包括进去,主要构件包括甲板、内外底、舷侧板、船底纵桁、肋板、横舱壁、强肋骨等。

在进行几何建模过程中,要考虑影响桁材总体力的分布或腹板刚度的开孔。对于那些较小的开孔,在建模时完全可以忽略,这是因为这些小开口对总体应力分布影响很小,对腹板的刚度影响也很小,而且,忽略这些小的开口可以简化建模,大大减少建模所花费的时间,同样可以获得相当准确的计算结果。曲折板材和折材的折减效应在模型中不易表示时,可对相应板单元的板厚以及梁单元或杆单元的截面积进行折减。

2. 模拟单元与网格

有限元模型的计算效率与单元的类型、形状、长宽比及网格划分的方式等密切相关。舱段有限元的网格划分方式有两种:一种是舱段模型用细网格划分,即整个舱段模型都划分比较密的网格,且一步到位;另一种就是整体用粗网格,子模型用细网格。即根据肋板和纵桁等主要承载构件来布置单元格子线划分粗网格,然后在粗网格的基础上再对需要的部分进行进一步的网格细化。粗网格可以用于分析与屈曲强度有关的变形和应力分布,用粗网格得到的变形可作为细网格模型的边界条件进行结构应力水平的详细计算分析。细网格模型的精度要高于粗网格模型。

单元大小的选择,要根据承受货物的压力、海水压力、压载水压力在构件上的分布,依照便于把分布力转化为节点力为原则,还要考虑计算的效率,不能过细,也不能很粗,要有足够的计算精度。单元的选取也很重要,单元应多采用四边形,少采用三角形,三角形单元多用在开孔周围以及壁墩和舱壁的连接处。CCS规定,舱壁和壁墩的连接处,允许调整顶、底墩的单元网格,采用三角形单元过渡,而保持槽形舱壁单元的原有几何形状。从计算机容量和速度的角度来看,可将舱段的有限元网格划分得足够细,从而得到比较精确的应力分布。

在模型网格的划分方面几大主要船级社的规定如下所述。

1) 中国船级社(CCS)的规定

船体结构有限元网格沿船体纵向按肋骨间距或半个肋骨间距大小划分,沿船体横向船底按纵骨间距划分,舷侧也参照该尺寸划分,原则是网格形状尽量接近正方形。一般来讲,船体的各类板、壳结构、强框架、纵桁、平面舱壁的桁材、肋骨等的高腹板以及舱壁和壁墩用4节点板壳单元模拟,尽量减少使用三角形单元。对于承受水压力和货物压力的甲板、内外壳板、内外底板、顶底边舱斜板上的纵骨、舱壁的扶强材等用梁单元来模拟,并考虑偏心。主要构件的面板和加强筋用杆单元来模拟,如纵桁、肋板、横框架、肋骨和肘板以及平面舱壁桁材上的面板和加强筋等。船底纵桁和肋板在垂直方向应布置不少于3个板单元。在槽形舱壁下端接近底墩处的板单元和墩板的邻近单元,其长宽系数接近1。尽量少用三角形单元,可能的话,在高应力变化区尽量避免使用三角形单元,如减轻孔、人孔、舱壁和壁墩连接处,邻近肘板或结构不连续处。

2) 挪威船级社(DNV)的规定

单元的大小应该以能够正确表示纵、横骨材之间的板格为原则,以便可以从有限元计算的结果中直接取出可用于分析强度和屈曲的应力值,而不需要进行内插或外插。船体结构有限元网格沿船体纵向按肋骨间距或半个肋板间距大小划分,沿船体横向船底按纵骨间距划分,舷侧也参照该尺寸划分,原则是网格形状尽量接近正方形。

这主要是因为3节点的板单元或膜单元由于是常应变单元,所以通常尽量少用三角形单元。但是有些情况下为了避免过渡区域内单元的形状太差,可以使用少量的三角形单元。

通常单元的大小应尽量根据桁材上扶强材的间距来确定。

槽型舱壁和舱壁壁墩:槽型舱壁的每一个翼板和腹板至少应划分为一个板单元,以便较好地反映槽型舱壁上的应力水平;舱壁最底部的单元一般情况下应尽量取为正方形单元,即在槽型舱壁下端接近底墩处的板单元和墩板的邻近单元,其长宽比系数应接近1。

在横向桁材之间的板,在划分网格时要考虑与主肋骨的间距相符合,这样做可能会将计算模型中一些局部扶强材弯折。纵骨之间采用一层单元,可以实现将载荷正确地从纵向骨材传递到横向框架上。

对于模型中的纵骨和其他连续的扶强材应该用2节点的偏心梁单元来表示。将梁单元与板单元的一个节点相连时应该特别注意,因为计算中梁单元的节点假定是铰接的,因此它会影响载荷的分布。解决这种影响的方法是梁单元在板单元的边上与它们"重叠"。腹板上防止失稳的筋以及桁材面板在内的其他扶强材可以用2节点的梁单元或杆单元表示。曲折的面板在模型中应尽量按实际情况考虑。顶、底墩内部的扶强材一般用梁单元表示,也可以采用板单元来模拟。

3) 英国劳氏船级社(LR)的规定

板单元的大小和类型应该能够正确描述船体结构范围内真实的应力和变形的分布。通常板单元网格的大小按照纵向加强构件的间距、肋骨间距或肋板间距的一半进行划分。对于双层底上的纵桁和肋板,划分单元时,沿着这些构件的高度方向要划分3个以上的单元。舷侧板上的肋骨可以用板单元或杆单元进行模拟。

槽型舱壁和壁墩沿槽深方向至少要用1个单元,槽型舱壁接近底墩处的板单元的边长比应该接近于1。在局部高应力区域,应该对该处进行网格细化。通常,所有的板都使用板单元(壳)来模拟,加强构件通常用梁单元或杆单元进行模拟。梁单元具有抗弯和轴向抗拉压的属性,杆单元仅具有轴向抗拉压的属性。在高应力区域、应力梯度很大的区域以及槽型舱壁和壁墩相交处,应避免使用三角形板单元。槽型舱壁要使用具有膜属性和抗弯属性的板单元模拟减轻孔、人孔等,在主要构件中应该用有效面积来表示,例如双层底纵桁邻近横舱壁处。而且要对这些开孔做进一步的网格细化。除了前面所说的开孔以外,其他地方的开孔可以通过删掉适当的单元来表示。主要构件的面板以及扶强材,可以用具有横剖面积的一维线单元模拟。

4) 法国船级社(BV)的规定

进行船体结构强度计算使用如下类型单元:杆单元(一维单元,具有轴向抗拉压强度,没有抗弯强度);梁单元(一维单元,具有轴向强度、抗剪切、抗弯、抗扭强度);平面应力单元(二维单元,具有平面内表面强度,不具有对平面内任何轴线的抗弯强度);板壳单元(二维单元,具有表面强度、抗弯、抗扭强度);体单元(三维单元);边界弹簧单元。

选用的单元类型必须能够反映所分析的载况或载荷特征值下的变形和应力,或者能反映已确定极限载荷强度时的结构失效。一些情况下,选择合适的单元能消除某些次要的影响。一般,在强度分析中必须确定如何以及在何种程度上考虑抗弯构件。在纯弯曲条件下,根据板梁理论,对加强筋、双层底框架和腹板框架,并包括整个船体梁,选用梁单元和板单元就足够了。在局部模型中,所有的加强构件都是很重要的,因此,使用板、壳或体单元最合适。

网格粗细的选择要考虑单元的特性,单元特性是根据能否精确地模拟结构刚度条件以及所分析的应力类型和实效行为加以考虑的。单元类型和网格粗细的选择对计算局部应力增加和极限载荷会起特别大的影响。网格划分不够精细常常导致低估局部应力峰值和过高估计极限载荷。船体梁或局部三维模型通常构建得比较粗糙,选择主要构件的间距作为单元的尺寸。假如所选的单元能够足够精确地反映主要构件的抗弯性能,则在总体强度分析中上面的做法是允许的。

在考虑单元特性的同时,必须确定单元的大小,以使刚度、结果变形和应力不会歪曲或不可靠。单元的边长比不应超过3。结构模型要将所有的主要结构构件和所有的框架以及所有的加强构件都考虑进去。在横向和垂向上,网格的粗细要以纵向间距为依据。

1.3　等参单元

凡是几何形状与位移场都采用同阶同参数插值关系进行描述的单元,可称为等参单元。每一种等参数单元都有两种形式:一种是指在局部坐标 ξ, η 或 ξ, η, ζ 中,将边长为 2 的正方形单元或边长为 2 的立方体单元用于计算,这被称为母单元;另一种是指在整体坐标 x, y 或 x, y, z 中,通过母单元映射至整体坐标上的单元用于离散结构物,这被称为子单元。由于母单元上的位移函数与坐标变换的函数具有相同的参数。这就是等数单元名称的由来。

母单元的位移函数:
$$u = \sum N_i(\xi, \eta) u_i \tag{1.1}$$

坐标变换的位移函数:
$$v = \sum N_i(\xi, \eta) v_i \tag{1.2}$$

如果几何形状插值函数的阶数高于位移场插值函数的阶数,称为超参单元;如果几何形状插值函数的阶数低于位移场插值函数的阶数,称为次参单元。

1.3.1　平面 4 节点等参单元

图 1.2 为一个 4 节点任意四边形单元,单元有 8 个自由度。

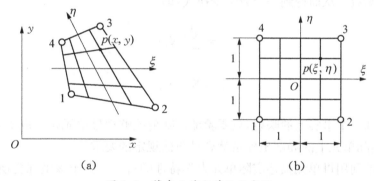

（a）　　　　　　　　　　　　　　（b）

图 1.2　等参 4 节点单元示意图

建立位移模式时的新问题:如果直接用 x, y 坐标系下的双线性位移模式,由于任意四边形单元的边界与坐标轴不平行,因此位移沿边界呈二次函数变化,单元在公共边界上不满足协调性。因此在任意四边形单元上建立一种局部坐标系 ξ-η（见图 1.2）,使得 4 条边上有一个局部坐标为常数（±1）,显然,该局部坐标系随单元形状变化,两组坐标线一般不正交。在单元内,所有点的坐标 ξ, η 皆在 -1 与 $+1$ 之间,4 个节点的局部坐标为 $+1$ 或 -1。该坐标系也称为自然坐标系。

建立了局部坐标系后,在 ξ-η 平面内单元就是一个边长为 2 的正方形。

该局部坐标系使得在 x-y 平面上的任意四边形与 ξ-η 平面上的正方形之间形成了一一对应的映射。正方形的 4 个顶点对应任意四边形单元的 4 个节点;4 条边对应任意四边形单元的 4 条边;正方形内任一点 $p(\xi, \eta)$ 对应于任意四边形内一点 $p(x, y)$,称 ξ-η 平面内的正方形单元为基本单元或母单元。x-y 平面内的任意四边形单元称为实际单元或子单元。

显然,母单元的节点对应于不同的 x,y 坐标,就得到不同的任意四边形单元。

建立了局部坐标系或映射后,可以在 $\xi-\eta$ 平面上的母单元中描述实际单元的位移模式和力学特性。

任意四边形单元在母单元中的位移模式插值公式(或者称为 $\xi-\eta$ 坐标系下的位移模式)就是矩形单元的位移模式,写为

$$\begin{cases} u = N_1 u_1 + N_2 u_2 + N_3 u_3 + N_4 u_4 \\ v = N_1 v_1 + N_2 v_2 + N_3 v_3 + N_4 v_4 \end{cases} \tag{1.3}$$

式中,形函数为 $N_i = \dfrac{1}{4}(1+\xi_i\xi)(1+\eta_i\eta)(i=1,2,3,4)$。$\xi_i,\eta_i$ 为 i 节点的局部坐标。

显然,该位移模式在 $\xi-\eta$ 坐标系下是双线性位移模式,在 $x-y$ 坐标系下不是双线性位移模式。由于实际单元的边界上有一个局部坐标为常数,因此位移沿单元边界线性变化能保证单元的协调性。

1.3.2 坐标变换

为了得到上述映射的数学表达式,在母单元上引入 x,y 坐标插值的思想:在母单元上任意一点在实际单元中对应点的 x,y 坐标由节点的 x,y 坐标插值得到,并采用与位移插值相同的插值函数。从而得到一个数学变换式,即

$$x = \sum_{i=1}^{4} N_i x_i \tag{1.4}$$

$$y = \sum_{i=1}^{4} N_i y_i \tag{1.5}$$

这样就得到一个事实上的映射,只要验证该映射能够把母单元映射成实际单元,就是所需要的映射,实际单元上的局部坐标系就满足前面规定的要求。

上述映射是利用母单元描述实际单元力学特性的桥梁。由于该坐标变换式中采用了与位移插值相同的节点和参数(插值函数),因此称为等参变换。所有采用等参变换的单元称为等参单元。等参单元是一个单元家族,在通用程序中广泛采用。

1.3.3 单位刚度矩阵计算

1. 形函数导数的坐标变换

在等参单元中,形函数是局部坐标 ξ,η 的显函数,而计算应变时需要形函数对 x,y 坐标的导数。根据等参变换式,ξ,η 和 x,y 之间有一定函数关系,由复合函数求导规则有

$$\begin{Bmatrix} \dfrac{\partial N_i}{\partial \xi} \\ \dfrac{\partial N_i}{\partial \eta} \end{Bmatrix} = \begin{bmatrix} \dfrac{\partial x}{\partial \xi} & \dfrac{\partial y}{\partial \xi} \\ \dfrac{\partial x}{\partial \eta} & \dfrac{\partial y}{\partial \eta} \end{bmatrix} \begin{Bmatrix} \dfrac{\partial N_i}{\partial x} \\ \dfrac{\partial N_i}{\partial y} \end{Bmatrix} = [J] \begin{Bmatrix} \dfrac{\partial N_i}{\partial x} \\ \dfrac{\partial N_i}{\partial y} \end{Bmatrix} \tag{1.6}$$

从式(1.6)解出

$$\begin{Bmatrix} \dfrac{\partial N_i}{\partial x} \\[3mm] \dfrac{\partial N_i}{\partial y} \end{Bmatrix} = [J]^{-1} \begin{Bmatrix} \dfrac{\partial N_i}{\partial \xi} \\[3mm] \dfrac{\partial N_i}{\partial \eta} \end{Bmatrix} \tag{1.7}$$

式中，$[J] = \begin{bmatrix} \dfrac{\partial x}{\partial \xi} & \dfrac{\partial y}{\partial \xi} \\[3mm] \dfrac{\partial x}{\partial \eta} & \dfrac{\partial y}{\partial \eta} \end{bmatrix}$，为坐标变换的雅可比(Jacobi)矩阵。

从而可以计算应变矩阵为

$$[B_i] = \begin{bmatrix} \dfrac{\partial N_i}{\partial x} & 0 \\[3mm] 0 & \dfrac{\partial N_i}{\partial y} \\[3mm] \dfrac{\partial N_i}{\partial y} & \dfrac{\partial N_i}{\partial x} \end{bmatrix} \tag{1.8}$$

2. 刚度矩阵积分式的坐标变换

对平面问题的 4 节点等参单元，单元刚度矩阵由下式决定，即

$$[k]^e = \int_{\Omega^e} [B]^T [D] [B] h \, \mathrm{d}x \mathrm{d}y \tag{1.9}$$

积分区域是 $x-y$ 坐标系下的任意四边形。

进行积分变量替换，用 ξ，η 坐标作为积分变量。由二维重积分变量替换公式得

$$[k]^e = \int_{-1}^{1} \int_{-1}^{1} [B]^T [D] [B] h \, |J| \, \mathrm{d}\xi \mathrm{d}\eta \tag{1.10}$$

3. 刚度矩阵的数值积分

由于等参单元刚度矩阵积分式中被积函数很难导出解析表达式，因此等参单元的计算都采用数值积分求积分的近似值，有限元中对四边形和六面体等参单元采用高斯数值积分。

一维积分高斯求积公式为

$$I = \int_{-1}^{1} f(x) \mathrm{d}x = \sum_{i=1}^{N} f(x_i) w_i \tag{1.11}$$

式中，x_i 为积分点；w_i 为权重系数；N 为积分点数目(积分阶)。

1.3.4 平面 8 节点曲边四边形等参单元

上述构造 4 节点任意四边形等参单元的方法完全可以用于构造更复杂的等参单元。对于二维问题，一个精度更高的单元是 8 节点曲边四边形单元，该单元的建立同样需要等参变换，因而也是等参单元。该单元及其母单元如图 1.3 所示。

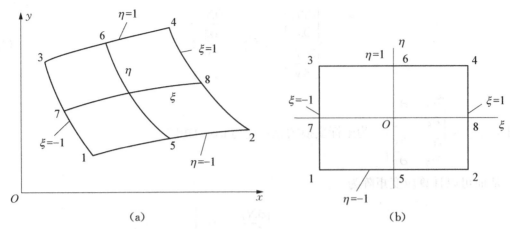

图 1.3 8节点任意四边形等参单元及其母单元

该单元在母单元中的位移模式为包含完全二次多项式的不完全三次多项式,故称为二次等参单元。插值函数可以用形函数性质直接构造。

1.3.5 等参变换的条件

等参变换要保证母单元与实际单元之间形成一一对应的映射,数学上的条件是变换的 Jacobi 行列式大于零。要保证这个条件,单元的几何形状必须满足一定要求,包括:单元形状不能过度畸变;边中节点不能过于偏离中间。

等参单元的总体评价:

(1) 等参单元形状、方位任意,容易构造高阶单元,适应性好,精度高。

(2) 等参单元列式具有统一的形式,规律性强,采用数值积分计算,程序处理方便。

(3) 由于等参单元涉及单元几何形状的变换,对实际单元的形态有一定要求。单元形态好坏会影响计算结果的精度。单元形态应满足:①单元各方向的尺寸尽量接近;②单元边界不能过于曲折,不能有拐点和折点,尽量接近直线或抛物线;③两边之间夹角接近直角。

(4) 高阶等参元精度高,描述复杂边界和形状的能力强,所需单元少,在结构应力分析中应用最广泛。

1.4 平面问题的有限元方法

对于薄板结构,即板厚远小于结构的另外两个尺度,可以根据其结构形式,分析其载荷特点,从而将问题简化。

1.4.1 有限元方法解题的基本步骤

1. 力学模型的选取

平面问题、平面应变问题、平面应力问题、轴对称问题、空间问题、板/梁/杆/组合体等问题、对称或反对称问题等,均可转变为平面问题的有限元力学模型。

2. 单元的选取，结构的离散化

根据要求，可选择适当的单元把结构离散化。对于平面问题可用三角单元、四边单元等。

3. 选择单元的位移模式

结构离散化后，要用单元内节点的位移通过插值来获得单元内各点的位移。在有限元方法中，通常都是假定单元的位移模式是多项式，一般来说，单元位移多项式的项数应与单元的自由度数相等。它的阶数至少包含常数项和一次项。至于高次项要选取多少项，则应视单元的类型而定。

$$\{f\} = [N]\{\delta\}^e \tag{1.12}$$

式中，$\{f\}$ 为单元内任意一点的位移列阵；$\{\delta\}^e$ 为单元内的节点位移列阵；$[N]$ 为单元的形函数矩阵，它的元素是任意一点位置坐标的函数。

4. 单元的力学特性分析

将式(1.12)代入弹性力学空间问题的几何方程，可得

$$\{\varepsilon\} = [B]\{\delta\} \tag{1.13}$$

式中，$\{\varepsilon\}$ 为单元内任意一点应变列阵；$[B]$ 为单元的应变矩阵（它的元素仍为位置坐标的函数）。

将式(1.12)再代入弹性力学空间问题的物理方程，可导出用单元节点位移列阵表示的单元应力表达式，即

$$\{\sigma\} = [D][B]\{\delta\} \tag{1.14}$$

式中，$\{\sigma\}$ 为单元内任意一点应力列阵；$[D]$ 为单元的弹性矩阵，它与材料的特性有关。

最后，利用弹性体的虚功方程剪力单元节点力阵与节点位移列阵之间的关系，形成单元的刚度方程式为

$$\{R\}^e = [k]^e\{\delta\}^e \tag{1.15}$$

式中，$[k]^e$ 为单元刚度矩阵，$[k]^e = \iiint [B]^{\mathrm{T}}[D][B]\mathrm{d}x\mathrm{d}y\mathrm{d}z$

5. 建立整体结构的刚度方程

$$[K]\{\delta\} = \{R\} \tag{1.16}$$

6. 考虑修改后的整体结构刚度方程

考虑整体结构的约束情况，修改整体刚度方程之后，刚度方程就变成以节点位移为未知数的代数方程组。解此方程组可求出节点位移。

7. 由单元的节点位移列阵计算单元应力

将得出的节点位移解与几何方程加以结合，得到单元的应变解。而后依据物理方程，得到单元的应力解。利用组合矩阵，获得各个单元的应力值。

8. 计算结果输出

求解出整体结构的位移和应力后，可有选择地整理输出某些关键点的位移值和应力值，

特别要输出结构的变形图、应力图、应变图、结构仿真变形过程动画图及整体结构的弯矩、剪力图等。

1.4.2 三角形常应变单元

1. 离散化

在运用有限元方法分析弹性力学平面问题时,第一步就是要对弹性体进行离散化,把一个连续的弹性体变换为一个离散的结构物。对于平面问题,三角形单元是最简单、也是最常用的单元,在平面应力问题中,单元为三角形板,而在空间应变问题中,则是三棱柱。

假设采用三角形单元,把弹性体划分为有限个互不重叠的三角形。这些三角形在其顶点(节点)处互相联结,组成一个单元集合体,以替代原来的弹性体。同时,将所有作用在单元上的载荷(包括集中载荷、表面载荷和体积载荷),都按虚功等效的原则移置到节点上,成为等效节点载荷。由此得到平面问题的有限元计算模型,如图 1.4 所示。

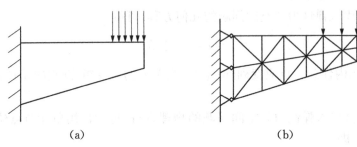

(a)   (b)

图 1.4 弹性体和有限元计算模型

2. 位移

首先,建立以单元节点位移表示单元内各点位移的关系式。设单元 e 的节点编号为 i、j、m。由弹性力学平面问题可知,每个节点在其单元平面内的位移可以有两个分量,所以整个三角形单元将有 6 个节点位移分量,即 6 个自由度,如图 1.5 所示。

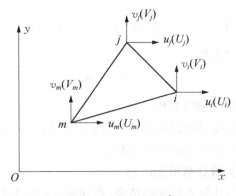

图 1.5 平面三角形单元

用列阵可表示为

$$\{\delta\}^e = \begin{bmatrix} \delta_i^T & \delta_j^T & \delta_m^T \end{bmatrix}^T = \begin{bmatrix} u_i & v_i & u_j & v_j & u_m & v_m \end{bmatrix} \tag{1.17}$$

其中,子矩阵为

$$\{\delta_i\} = \begin{bmatrix} u_i & v_i \end{bmatrix}^T (i, j, m \text{ 轮换}) \tag{1.18}$$

式中, u_i, v_i 是节点 i 在 x 轴和 y 轴方向的位移。

选择一个单元位移模式,单元内各点的位移可按此位移模式由单元节点位移通过插值而获得。线性函数是一种最简单的单元位移模式,设

$$u = \alpha_1 + \alpha_2 x + \alpha_3 y \tag{1.19}$$

$$v = \alpha_4 + \alpha_5 x + \alpha_6 y \tag{1.20}$$

式中, α_1, α_2, α_3, α_4, α_5, α_6 是待定常数。因三角形单元共有 6 个自由度,且位移函数在 3 个节点处的数值应该等于这些节点处的位移分量的数值。假设节点的坐标分别为 (x_i, y_i)、(x_j, y_j)、(x_m, y_m),代入式(1.19)和式(1.20),得

$$\begin{aligned}
u_i &= \alpha_1 + \alpha_2 x_i + \alpha_3 y_i, & v_i &= \alpha_4 + \alpha_5 x_i + \alpha_6 y_i \\
u_j &= \alpha_1 + \alpha_2 x_j + \alpha_3 y_j, & v_j &= \alpha_4 + \alpha_5 x_j + \alpha_6 y_j \\
u_m &= \alpha_1 + \alpha_2 x_m + \alpha_3 y_m, & v_m &= \alpha_4 + \alpha_5 x_m + \alpha_6 y_m
\end{aligned} \tag{1.21}$$

由左边的三个方程可以求得

$$\alpha_1 = \frac{1}{2\Delta} \begin{vmatrix} u_i & x_i & y_i \\ u_j & x_j & y_j \\ u_m & x_m & y_m \end{vmatrix} \tag{1.22}$$

$$\alpha_2 = \frac{1}{2\Delta} \begin{vmatrix} 1 & u_i & y_i \\ 1 & u_j & y_j \\ 1 & u_m & y_m \end{vmatrix} \tag{1.23}$$

$$\alpha_3 = \frac{1}{2\Delta} \begin{vmatrix} 1 & x_i & u_i \\ 1 & x_j & u_j \\ 1 & x_m & u_m \end{vmatrix} \tag{1.24}$$

其中

$$2\Delta = \begin{vmatrix} 1 & x_i & y_i \\ 1 & x_j & y_j \\ 1 & x_m & y_m \end{vmatrix} \tag{1.25}$$

从解析几何可知,式中的行列式值就是三角形 i、j、m 的面积。为保证求得的面积为正值,节点 i、j、m 的编排次序必须是逆时针方向。

整理可得

$$v = \frac{1}{2\Delta} \left[(a_i + b_i x + c_i y) v_i + (a_j + b_j x + c_j y) v_j + (a_m + b_m x + c_m y) v_m \right] \tag{1.26}$$

若令

$$N_i = \frac{1}{2\Delta}(a_i + b_i x + c_i y)(i, j, m \text{ 轮换})$$ (1.27)

这样,位移模式就可以写为

$$\begin{cases} u = N_i u_i + N_j u_j + N_m u_m \\ v = N_i v_i + N_j v_j + N_m v_m \end{cases}$$ (1.28)

3. 应变

有了单元的位移模式,就可以利用平面问题的几何方程,即

$$\{\varepsilon\} = \begin{Bmatrix} \varepsilon_x \\ \varepsilon_y \\ \gamma_{xy} \end{Bmatrix} = \begin{Bmatrix} \dfrac{\partial u}{\partial x} \\ \dfrac{\partial v}{\partial y} \\ \dfrac{\partial u}{\partial y} + \dfrac{\partial v}{\partial x} \end{Bmatrix}$$ (1.29)

可简写成

$$\{\varepsilon\} = [B]\{\delta\}^e$$

4. 应力

把式(1.29)代入平面应力问题的物理方程,便可推导出以节点位移表示的应力,即

$$\{\sigma\} = [D][B]\{\delta\}^e$$ (1.30)

令 $[S] = [D][B]$,则

$$\{\sigma\} = [S]\{\delta\}^e$$ (1.31)

1.4.3 形函数的性质

形函数是有限元方法中的一个重要函数,其表达如式(1.31)中 N_i,N_j,N_m 所示,有

$$N_i = \frac{1}{2\Delta}(a_i + b_i x + c_i y)(i, j, m \text{ 轮换})$$ (1.32)

式中,$2\Delta = \begin{vmatrix} 1 & x_i & y_i \\ 1 & x_j & y_j \\ 1 & x_m & y_m \end{vmatrix}$

形函数性质如下:

(1) 形函数在各单元节点上的值,具有"本点是1、他点为零"的性质。

在节点 i 上,有

$$N_i(x_i, y_i) = \frac{1}{2\Delta}(a_i + b_i x_i + c_i y_i) = 1$$ (1.33)

在节点 j、m 上,有

$$N_i(x_j,\ y_j) = \frac{1}{2\Delta}(a_i + b_i x_j + c_i y_j) = 0 \tag{1.34}$$

$$N_i(x_m,\ y_m) = \frac{1}{2\Delta}(a_i + b_i x_m + c_i y_m) = 0 \tag{1.35}$$

(2) 在单元的任一节点上,三个形函数之和等于 1。即

$$N_i(x,\ y) + N_j(x,\ y) + N_m(x,\ y)$$

$$= \frac{1}{2\Delta}(a_i + b_i x + c_i y + a_j + b_j x + c_j y + a_m + b_m x + c_m y)$$

$$= \frac{1}{2\Delta}[(a_i + a_j + a_m) + (b_i + b_j + b_m)x + (c_i + c_j + c_m)y]$$

$$= 1$$

(3) 三角形单元任意一条边上的形函数,仅与该边的两端节点坐标有关,而与其他节点坐标无关。

1.4.4　刚度矩阵

1. 单元刚度矩阵

在表征单元的节点力和节点位移之间关系的刚度方程为

$$\{R\}^e = [k]^e \{\delta\}^e \tag{1.36}$$

式中,$[k]^e$ 是单元刚度矩阵。

如果单元的材料是均质的,那么 $[k]^e = \iiint [B]^T [D] [B] \mathrm{d}x \mathrm{d}y \mathrm{d}z$ 中矩阵 $[D]$ 的元素就是常量,并且对于三角形常应变单元,矩阵 $[B]$ 的元素也是常量。当单元的厚度也是常量时,上式可以简化为

$$[k]^e = [B]^T [D] [B] \Delta \tag{1.37}$$

2. 整体刚度矩阵

$$[K] = \sum_{e=1}^N [k] = \sum_{e=1}^N \iint [B]^T [D] [B] t \mathrm{d}x \mathrm{d}y \tag{1.38}$$

式(1.38)左边就是弹性体所有单元刚度矩阵的总和,称为弹性体的整体刚度矩阵(或简称为总刚),记为 $[K]$。

组装总刚 $[K]$ 的一般规则如下:

(1) 当 $[K_{\gamma S}]$ 中 $\gamma = S$ 时,该点被哪几个单元所共有,则总刚子矩阵 $[K_{\gamma S}]$ 就是把这几个单元的刚度矩阵子矩阵 $[K_{\gamma S}]_{sub}$ 相加。

(2) 当 $[K_{\gamma S}]$ 中 $\gamma \neq S$ 时,若 γS 边是组合体的内边,则总体刚度矩阵 $[K_{\gamma S}]$ 就是共用该边的两相邻单元单刚子矩阵 $[K_{\gamma S}]_{sub}$ 的相加。

(3) 当 $[K_{\gamma S}]$ 中 γ 和 S 不同属于任何单元时,则总体刚度矩阵 $[K_{\gamma S}] = [0]$。

1.4.5 等效节点力载荷列阵

载荷列阵 $\{R\}$,是由弹性体的全部单元的等效节点力集合而成,其中单元的等效节点力 $\{R\}^e$ 则是由作用在单元上的集中力 $\{G\}$、表面力 $\{q\}$ 和体积力 $\{p\}$ 分别移置到节点上,再逐点加以合成求得。根据虚位移原理,等效节点力的大小,应按其所做的功与作用在单元上的三种力在任何虚位移上所做的功相等这一原则来确定。即

$$(\{\delta^*\}^e)^{\mathrm{T}}\{R\}^e = \{f^*\}^{\mathrm{T}}\{G\} + \int\{f^*\}^{\mathrm{T}}\{q\}t\mathrm{d}s + \iint\{f^*\}^{\mathrm{T}}\{p\}t\mathrm{d}x\mathrm{d}y \tag{1.39}$$

按弹性体静力等效原理—虚功原理移置单元载荷:

1. 集中力的等效载荷列阵{F}

逐点合成各单元的等效节点力,并按节点号码的顺序进行排列,便可组成弹性体的集中力等效载荷列阵,即

$$\{F\} = \sum_{e=1}^{N}\{F\}^e = \begin{bmatrix} F_1^{\mathrm{T}} & F_2^{\mathrm{T}} & \cdots & F_n^{\mathrm{T}} \end{bmatrix} \tag{1.40}$$

2. 表面力的等效载荷列阵{Q}

把作用在单元边界上的表面力移置到节点上,得到各单元的表面力的等效节点力,逐个节点加以合成之后,按照节点号码的顺序进行排列,就组成了弹性体表面力的等效载荷列阵,即

$$\{Q\} = \sum_{e=1}^{N}\{Q\}^e = \begin{bmatrix} Q_1^{\mathrm{T}} & Q_2^{\mathrm{T}} & \cdots & Q_n^{\mathrm{T}} \end{bmatrix}^{\mathrm{T}} \tag{1.41}$$

由于作用在单元边界上的内力在合成过程中已相互抵消,所以式(1.41)中的节点力只是由作用在弹性体边界上的表面力所引起的。

3. 体积力的等效载荷列阵{P}

与表面力的情况类似,体积力的等效载荷列阵也是由单元体积力的等效节点力在各节点处合成以后,按节点号码顺序排列而成,即

$$\{P\} = \sum_{e=1}^{N}\{P\}^e = \begin{bmatrix} P_1^{\mathrm{T}} & P_2^{\mathrm{T}} & \cdots & P_n^{\mathrm{T}} \end{bmatrix}^{\mathrm{T}} \tag{1.42}$$

1.5 薄板弯曲问题

1.5.1 薄板弯曲问题的基本方程

弹性薄板的基本假设(克希霍夫假设)如下:

(1) 无挤压:薄板弯曲时,平行于中面的各层面之间无挤压。这意味着薄板弯曲后厚度保持不变,因此可取 $\varepsilon_z = \partial w/\partial z = 0$。显然挠度 w 只是 x, y 的函数,有

$$w = w(x, y) \tag{1.43}$$

（2）直法线：变形前垂直于中面的直线段，变形后仍为直线，线段长度保持不变，且仍然垂直于弯曲后的中面。这与材料力学中梁弯曲问题平面假设相似。这意味着 $y-z$ 和 $z-x$ 平面内的剪应变为零。

图 1.6 为薄板弯曲示意图。

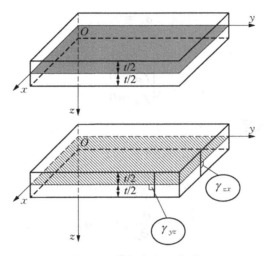

图 1.6　薄板弯曲示意图

$$\begin{cases} \gamma_{zx} = \dfrac{\partial u}{\partial z} + \dfrac{\partial w}{\partial x} = 0 \\[2mm] \gamma_{yz} = \dfrac{\partial w}{\partial y} + \dfrac{\partial v}{\partial z} = 0 \end{cases} \tag{1.44}$$

（3）无侧移：薄板中面内各点都没有平行于中面的侧向位移，即

$$\begin{cases} (u)_{z=0} = 0 \\[1mm] (v)_{z=0} = 0 \end{cases} \tag{1.45}$$

结合弹性体空间问题几何方程可知，中面内形变分量均为零，即

$$\begin{cases} (\varepsilon_x)_{z=0} = 0 \\[1mm] (\varepsilon_y)_{z=0} = 0 \\[1mm] (\gamma_{xy})_{z=0} = 0 \end{cases} \tag{1.46}$$

从上述的附加假设出发，可以将位移 u、v 用 w 表示。这就是薄板弯曲问题的克希霍夫（Kirchhoff）假设，使用克希霍夫假设计算的板称为克希霍夫板。

将用 w 表示的位移 u，v 代入几何方程，有

$$\{\boldsymbol{\varepsilon}\} = \begin{Bmatrix} \varepsilon_x \\ \varepsilon_y \\ \gamma_{xy} \end{Bmatrix} = -z \left\{ \dfrac{\partial^2 w}{\partial x^2} \quad \dfrac{\partial^2 w}{\partial y^2} \quad 2\dfrac{\partial^2 w}{\partial x \partial y} \right\}^{\mathrm{T}} = z\{\boldsymbol{\kappa}\} \tag{1.47}$$

记为 $\{\kappa\} = \left\{ -\dfrac{\partial^2 w}{\partial x^2} \quad -\dfrac{\partial^2 w}{\partial y^2} \quad -2\dfrac{\partial^2 w}{\partial x \partial y} \right\}^{\mathrm{T}}$，称为薄板的广义应变分量。

1.5.2 弹性薄板的几点简化

应力分量的减少

$$\sigma_z = 0 \tag{1.48}$$

应变分量的减少

$$\begin{cases} \gamma_{zx} = 0 \\ \gamma_{yz} = 0 \end{cases} \tag{1.49}$$

位移之间有了附加关系

$$\begin{cases} w = w(x, y) \\ u = -\dfrac{\partial w}{\partial x} z = \theta_y z \\ v = -\dfrac{\partial w}{\partial y} z = -\theta_x z \end{cases} \tag{1.50}$$

应力应变关系的简化

$$\begin{Bmatrix} \sigma_x \\ \sigma_y \\ \sigma_{xy} \end{Bmatrix} = \dfrac{E}{1-\mu^2} \begin{bmatrix} 1 & \mu & 0 \\ \mu & 1 & 0 \\ 0 & 0 & \dfrac{1-\mu}{2} \end{bmatrix} \begin{Bmatrix} \varepsilon_x \\ \varepsilon_y \\ \gamma_{xy} \end{Bmatrix} \tag{1.51}$$

1.5.3 矩形薄板单元

1. 薄板弯曲问题节点位移参数的选择（见图 1.7）

采用克希霍夫假设后，薄板的变形状态完全由一个变量，即中面挠度 $w(x, y)$ 来确定。然而，在有限元方法中只取挠度本身作为节点位移参数是不够的。按克希霍夫理论，薄板内部非中面上各点的位移 (u, v, w) 是用相应的中面点的挠度 $w(x, y)$ 和该点处中面法线转角 θ_x 和 θ_y 来表示的。因此，为了保证板内位移 (u, v, w) 在整个求解区域内单值连续，除要求 w 在全域内单值连续外，还必须要求 θ_x 和 θ_y 在全域内也是单值连续的。

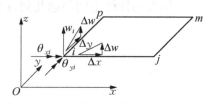

图 1.7 矩形薄板单元弯曲示意图

$$\begin{cases} \theta_x = \dfrac{\partial w}{\partial y} \\ \theta_y = -\dfrac{\partial w}{\partial x} \end{cases} \tag{1.52}$$

如果将位移模式仍然取为多项式,要求在全域内位移及一阶导数连续,这等价于在单元边界上要保证位移及一阶导数连续,因此在单元节点上必须保证位移及一阶导数连续,即应选取三个节点位移参数

$$\{\delta_i\} = \begin{Bmatrix} w_i \\ \theta_{xi} \\ \theta_{yi} \end{Bmatrix} = \begin{Bmatrix} w_i \\ (\partial w/\partial y)_i \\ -(\partial w/\partial x)_i \end{Bmatrix} (i=1,\ 2,\ 3,\ 4) \tag{1.53}$$

将只要求函数本身连续的问题称为 C0 问题,如弹性力学平面问题;将不仅要求函数本身,还要求其一阶导数连续的问题称为 C1 问题,如薄板弯曲问题。

2. 位移模式(见图1.8)

将矩形薄板沿坐标方向划分为若干矩形单元,每个单元设有 4 个节点,每个节点有 3 个位移分量,即挠度 w,绕 y 轴转角 θ_x,绕 x 轴转角 θ_y。即

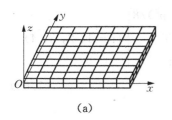
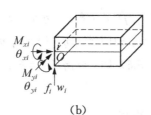
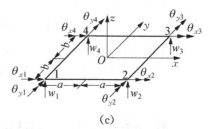

(a)   (b)   (c)

图 1.8　矩形薄板单元受力和位移示意图

$$\begin{Bmatrix} \varepsilon_x \\ \varepsilon_y \\ \gamma_{xy} \end{Bmatrix} \{\delta_i\} = \begin{Bmatrix} w_i \\ \theta_{xi} \\ \theta_{yi} \end{Bmatrix} = \begin{Bmatrix} w_i \\ (\partial w/\partial y)_i \\ -(\partial w/\partial x)_i \end{Bmatrix} \tag{1.54}$$

$$\{\delta\}^e = \begin{bmatrix} \{\delta_1\}^T & \{\delta_2\}^T & \{\delta_3\}^T & \{\delta_4\}^T \end{bmatrix}^T \tag{1.55}$$

节点载荷为

$$\{F_i\} = \begin{Bmatrix} V_i \\ M_{xi} \\ M_{yi} \end{Bmatrix} (i=1,\ 2,\ 3,\ 4) \tag{1.56}$$

单元的节点载荷为

$$\{F\}^e = \begin{bmatrix} \{F_1\}^T & \{F_2\}^T & \{F_3\}^T & \{F_4\}^T \end{bmatrix}^T \tag{1.57}$$

取位移函数为

$$\begin{aligned} w = {} & \alpha_1 + \alpha_2 x + \alpha_3 y + \alpha_4 x^2 + \alpha_5 xy + \alpha_6 y^2 + \alpha_7 x^3 + \\ & \alpha_8 x^2 y + \alpha_9 xy^2 + \alpha_{10} y^3 + \alpha_{11} x^3 y + \alpha_{12} xy^3 \end{aligned} \tag{1.58}$$

在位移函数中,前三项包含了单元的刚体位移状态,二次项代表了单元的均匀应变状态。可以证明,此位移模式能够保证相邻单元的公共边界上挠度 w 和转角的连续性。分别

求出上式中对 x, y 的导数

$$\begin{cases} \dfrac{\partial w}{\partial x} = \alpha_2 + 2\alpha_4 x + \alpha_5 x + 3\alpha_7 x^2 + 2\alpha_8 xy + \alpha_9 y^2 + 3\alpha_{11} x^2 y + \alpha_{12} y^3 \\ \dfrac{\partial w}{\partial y} = \alpha_3 + \alpha_5 y + 2\alpha_6 y + \alpha_8 x^2 + 2\alpha_9 xy + 3\alpha_{10} y^2 + \alpha_{11} x^3 + 3\alpha_{12} xy^2 \end{cases} \tag{1.59}$$

令

$$\xi = (x - x_0)/a, \quad \eta = (y - y_0)/b \tag{1.60}$$

ξ_i, η_i 为节点的坐标值,则

$$w = [N_1]\{\delta_1\} + [N_2]\{\delta_2\} + [N_3]\{\delta_3\} + [N_4]\{\delta_4\} = [N]\{\delta\} \tag{1.61}$$

式中,$[N]$ 为形函数矩阵,第 i 个子矩阵为

$$[N_i] = [N_i \quad N_{xi} \quad N_{yi}]$$

$$[N_i] = \begin{Bmatrix} N_i \\ N_{xi} \\ N_{xi} \end{Bmatrix} = \begin{Bmatrix} (1+\xi_i\xi)(1+\eta_i\eta)(2+\xi_i\xi+\eta_i\eta-\xi^2-\eta^2)/8 \\ -b\eta_i(1+\xi_i\xi)(1+\eta_i\eta)^2(1-\eta_i\eta)/8 \\ a\xi_i(1+\xi_i\xi)^2(1+\eta_i\eta)(1-\xi_i\xi)/8 \end{Bmatrix} (i=1, 2, 3, 4) \tag{1.62}$$

将形函数式(1.62)代入式(1.47),得出

$$\begin{aligned} \{\kappa\} &= \left[-\frac{\partial^2 w}{\partial x^2} \quad -\frac{\partial^2 w}{\partial y^2} \quad -2\frac{\partial^2 w}{\partial x \partial y} \right]^{\mathrm{T}} \\ &= \left[-\frac{\partial^2 w}{a^2 \partial \xi^2} \quad -\frac{\partial^2 w}{b^2 \partial \eta^2} \quad -2\frac{\partial^2 w}{ab \partial \xi \partial \eta} \right]^{\mathrm{T}} [N]\{\delta\}^e = [B]\{\delta\}^e \end{aligned} \tag{1.63}$$

式中,$[B]$ 称为应变矩阵。

3. 势能泛函与有限元模式

板的势能泛函可写成

$$\Pi = \sum_i \Pi^e = \sum_i \frac{1}{2} \iint_i \{\kappa\}^{\mathrm{T}} [D]\{\kappa\} \mathrm{d}x\mathrm{d}y - \iint_i \bar{p} w \mathrm{d}x\mathrm{d}y - \int_{s_{1i}} \left(\bar{V}_n w - \bar{M}_n \frac{\partial w}{\partial N} \right) \mathrm{d}s \tag{1.64}$$

将式(1.63)代入式(1.64)得

$$\begin{aligned} \Pi = \sum_i \Bigg\{ &\frac{1}{2} \iint_i (\{\delta\}^e)^{\mathrm{T}} [B]^{\mathrm{T}} [D][B]\{\delta\}^e \mathrm{d}x\mathrm{d}y - \iint_i \bar{p}[N]\{\delta\}^e \mathrm{d}x\mathrm{d}y - \\ &\int_{s_{1i}} \left(\bar{V}_n[N] - \bar{M}_n \left(l\frac{\partial}{\partial x} + m\frac{\partial}{\partial y} \right) [N] \right) \{\delta\}^e \mathrm{d}s \Bigg\} \end{aligned} \tag{1.65}$$

按最小势能原理

$$\frac{\partial \Pi}{\partial \{\delta\}} = \frac{\partial}{\partial \{\delta\}} \sum_i \Pi^e = 0 \tag{1.66}$$

将(1.65)式代人式(1.66)得

$$\sum_i \iint_i [B]^{\mathrm{T}}[D][B]\mathrm{d}x\mathrm{d}y\{\delta\}^e = \iint_i \bar{p}[N]^{\mathrm{T}}\mathrm{d}x\mathrm{d}y + \int_{s_{1i}} \left(\bar{V}_n[N]^{\mathrm{T}} - \bar{M}_n \left(l\frac{\partial}{\partial x} + m\frac{\partial}{\partial y}\right)[N]^{\mathrm{T}}\right)\mathrm{d}s$$

得出

$$\sum_i [K]^e \{\delta\}^e = \sum_e \{R\}^e$$

简化表述为

$$[K]\{\delta\} = \{R\} \tag{1.67}$$

4. 不完全谐调元的分片检验

前面说明,薄板不完全协调矩形单元的位移插值函数不能满足"收敛准则"所要求的协调条件,但是计算结果表明是收敛的。如何判断此种不完全协调元计算结果的收敛性呢?

埃恩斯提出"分片检验"的概念,并指出:位移插值函数能否通过分片检验,是判断不完全协调计算结果是否收敛的充分必要条件。

分片检验的具体做法如下,任意取一个至少有一个内部节点的,由若干个单元组成的拼片,并且,在内部节点上既不允许有载荷,也不允许有约束。当把任何一种与常应变状态对应的节点位移或节点力加到该单元拼片的边界节点上时,用某种位移插值函数计算得到单元拼片内部的位移符合常应变状态的条件,则说该位移插位函数能够通过分片检验。经检验表明,前面介绍的不完全协调矩形元能够通过分片检验,因而计算结果是收敛的。

1.6　有限元方法的优缺点

1.6.1　优点

综合来说,有限元方法的优点是显而易见的,具体如下:

(1)整个系统离散为有限个单元,并将整个系统的方程转换成一组线性联立方程,从而可用多种方法对其求解。

(2)边界条件不进入单个有限元方程,而是在得到整体代数方程后再引入边界条件。这样,内部和边界上的单元都能够采用相同的场变量模型,而且当边界条件改变时,内部场变量模型不需要再改变。

(3)有限元方法考虑了物体的多维连续性,不仅在离散过程中把物体看成是连续的,而且不需要用分别的插值过程把近似解推广到连续体中的每一点。

(4)有限元方法不需要适用于整个物体的插值函数,而只需要对每个子域或单元采用各自的插值函数,这就使得其对复杂形状的物体也能适用。

(5)有限元方法能够很容易求解非均匀连续介质,而其他方法处理非均匀性则很困难。

(6)有限元方法适用于线性或者非线性场合。

(7)有限元方法能够在不同层面上得到阐释或理解。对有较深数学知识的人来说,完全可以用数学语言来描述,并获得严格推理。而对一般工科学生来说,可以只从物理层面上得到理解,正如上面阐释的那样。

1.6.2 缺点

有限元方法作为一种数值解法,不可避免地带有一定的误差。因此,如何估计误差的大小,如何评估有限元模型及其解的可靠性,如何在给定的误差范围内进行模型简化,选择好的求解策略等,一直是工程界十分关心的重要问题。

在对船舶及海洋结构物进行应力分析时,存在着两类不确定性的因素:随机因素和建模过程。有限元分析作为一种强大、灵活的工程分析工具,分析者在有限元模型的确定、具体计算过程的操作及对计算结果的阐述等方面均含有大量的不确定性,分析者要作很多假定。由于实际结构系统比较复杂,在进行有限元分析时必须对实际结构模型做适当的简化。然而,在具体分析过程中,由于所做的假定和建模过程的差异,不同的组织或个人对同一结构做有限元分析时,所得的结果可能会相差很大。有限元分析结果的正确与否在当时往往并不明显,其不良后果可能在结构寿命期内才会显现出来,但到那时再着手改变设计或对结构做修改都比及早发现缺陷的损失更为巨大。因此,如何建立一套实用的方法来评估结构有限元分析的质量,已成为一个重要的研究方向。有限元方法的不足,最主要体现在应用上。

(1) 有限元计算,尤其是在对复杂问题的分析上,所耗费的计算资源是相当惊人的,计算资源包括计算时间、内存和磁盘空间。

(2) 对无限区域问题,有限元方法较难处理。

(3) 尽管现在的有限元软件提供了自动划分网格的技术,但到底采用什么样的单元、网格的密度多大才适合等问题完全依赖于经验。

(4) 有限元分析所得结果并不是计算机辅助设计的全部,而且一个完整的机械设计不能单独使用有限元分析完成,必须结合其他分析和工程实践才能完成整个工程设计。

第2章 船舶结构的有限元建模方法

2.1 有限元技术

有限元方法是一种数值分析方法,其精度随单元数量增加而提高。这是因为好的单元网格能正确表达结构构件的几何形状,较密的网格可由更多的应力计算点定义槽孔、圆角等处的应力梯度。为了尽量减少计算量,就需要考虑精度和时间的均衡,得到既满足要求,又花费最少的解,即寻求一种经济的有限元计算模型。

对于大型结构用有限元方法计算是一个较复杂的过程,一般先从问题的定义着手,也就是明确分析的目的,正确描述结构的几何形状,选定合适的外载和结构的位移约束条件。明确分析的目的是要确定结构计算解决什么问题,将达到怎样的精度;结构几何形状描述是确定计入计算模型的构件及其尺度;外载是确定计算时作用在结构上的载荷类型和形式;结构位移约束是确定结构边界条件,它常与计入计算模型的结构尺度有关,具有很强的灵活性。

由于船体结构和所受载荷的复杂性,对船体结构进行准确的强度分析计算一向是船体设计和检验的一个难题。传统上将船体视作一段梁的方法存在较大近似性,且随着新型船舶的涌现,船体结构更加复杂,传统方法的弊端已日渐凸显。随着计算机软、硬件技术的发展,使得将船体的局部结构,甚至是整艘船划分为有限单元来进行分析成为可能,船体结构强度分析从此有了革命性的突破。世界各国的船级社都在寻找既先进科学又合理可靠的新的设计方法,因此船舶结构强度直接计算法的应用日趋广泛。有限元分析方法是通过有限元软件建立模型,根据各构件的实际受力状况,分别以膜、杆、板、壳和梁等单元来模拟,真实地表达出各个构件间的受力状况。通过大规模有限元软件分析求解,可以求出各个主要构件的实际变形与应力结果。这种方法是目前船体强度分析最准确、最完善的方法,也是在理性结构设计中,最能精确预报结构对载荷响应的结构分析方法。

有限元方法在船舶结构上的应用,使传统船舶结构及其结果相关的问题发生了革命性转变。其中最突出的方面表现为:将传统的总横向强度、总纵向强度和局部强度分割独立的研究,转变为整体结构综合分析;以往手算方法看似无法解决的问题,应用有限元方法能够方便、快捷地得出结论。

现今,有限元方法是船舶与海洋工程问题的最主要研究方法之一。强度分析由开始的杆系、平面与曲面板问题拓展到空间组合构架、三维舱段和全船模型的分析;由基本的结构强度评估向结构优化设计等集成CAD设计模块的综合性分析发展。

2.2 有限元网格划分的基本原则

划分网格是建立有限元模型的一个重要环节,它所要求考虑的问题较多,所需要的工作量较大,所划分的网格形式对计算精度和计算规模将产生直接影响。为建立正确、有效的有限元模型,这里将介绍划分网格时应考虑的一些基本原则。

2.2.1 网格数目

网格数目的多少将影响计算结果的精度和计算规模的大小。一般来讲,网格数目增加,计算精度会有所提高,但同时计算规模也会增加,所以在确定网格数目时应权衡两个因素综合考虑。

图 2.1 所示的曲线 1 表示结构中的位移随网格数目收敛的一般曲线,曲线 2 表示计算时间随网格数目的变化。可以看出,当网格较少时,增加网格数目可以使计算精度明显提高,而计算时间不会有太大的增加。当网格数目增加到一定程度后,再继续增加网格时,精度提升甚微,而计算时间却大幅度增加。所以应留意网格增加的经济因素。在实际应用时,可以比较两种网格划分的计算结果,假如两次计算结果相差较大,可以继续增加网格,反之则停止计算。

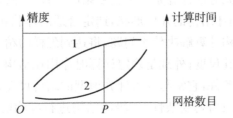

图 2.1　位移精度和计算时间随网格数目的变化

在决定网格数目时应考虑分析数据的类型。在静力分析时,假如仅仅是计算结构的变形,网格数目可以少一些。假如需要计算应力,则在精度要求相同的情况下应取相对较多的网格。同样在响应计算中,计算应力响应所取的网格数应比计算位移响应多。在计算结构固有动力特性时,若仅仅是计算少数低阶模态,可以选择较少的网格,假如计算的模态阶次较高,则应选择较多的网格。在热分析中,结构内部的温度梯度不大,不需要大量的内部单元,这时,可划分较少的网格。

2.2.2 网格疏密

网格疏密是指在结构不同部位采用大小不同的网格,这是为了适应计算数据的分布特点。在计算数据变化梯度较大的部位(如应力集中处),为了较好地反映数据变化规律,需要采用比较密集的网格。而在计算数据变化梯度较小的部位,为减小模型规模,则应划分相对稀疏的网格。这样,整个结构便展现出疏密不同的网格划分形式。

图 2.2 所示是中心带圆孔方板的 1/4 模型,其网格反映了疏密不同的划分原则。小圆孔四周存在应力集中现象,采用了比较密的网格。板的四周应力梯度较小,网格排列较稀

疏。其中图 2.2(b)中网格疏密相差更大,它比图 2.2(a)中的网格少 48 个,但计算出的孔缘最大应力相差 1%,而计算时间却减少了 36%。由此可见,采用疏密不同的网格划分,既可以保持相当的计算精度,又可使网格数目减小。因此,网格数目应增加到结构的关键部位,在次要部位增加网格是不必要的,也是不经济的。

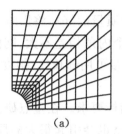 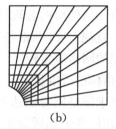

(a)   (b)

图 2.2   中心带圆孔方板的 1/4 模型

划分疏密不同的网格主要用于应力分析(包括静应力和动应力),而计算固有特性时,则趋于采用较均匀的网格形式。这是由于固有频率和振型主要取决于结构质量分布和刚度分布,不存在类似应力集中的现象,采用均匀网格可使结构刚度矩阵和质量矩阵的元素不致相差太大,可减小数值计算误差。同样,在结构温度场计算中也趋于采用均匀网格。

2.2.3 单元阶次

很多单元都具有线性、二次和三次等形式,其中二次和三次形式的单元称为高阶单元。选用高阶单元可提高计算精度,由于高阶单元的曲线或曲面边界能够更好地逼近结构的曲线和曲面边界,且高次插值函数可更高精度地逼近复杂场函数,所以当结构外形不规则、应力分布或变形很复杂时,可以选用高阶单元。但高阶单元的节点数较多,在网格数目相同的情况下由高阶单元组成的模型规模要大得多,因此在使用时应权衡考虑计算精度和时间。

图 2.3 所示是一悬臂梁分别用线性和二次三角形单元离散时,其顶端位移随网格数目的收敛情况。可以看出,当网格数目较少时,两种单元的计算精度相差很大,这时采用高阶单元较为合适。当网格数目较多时,两种单元的精度相差并不是很大,这时采用低阶单元较好。例如在离散细节时,由于细节尺寸限制,要求细节四周的网格划分很密,这时采用线性单元更合适。

图 2.3   不同阶次单元的收敛情况

增加网格数目和单元阶次都可以改进计算精度。因此在精度一定的情况下,用高阶单元离散结构时应选择适当的网格数目,太多的网格并不能明显改进计算精度,反而会使计算时间大大增加。为了兼顾计算精度和计算量,同一结构可以采用不同阶次的单元,即精度要求高的重要部位用高阶单元,精度要求低的次要部位用低阶单元。不同阶次单元之间或采用特殊的过渡单元连接,或采用多点约束等形式连接。

2.2.4 网格质量

网格质量是指网格几何外形的合理性。网格质量的好坏将影响计算精度,质量太差的网格甚至会中止计算。直观上看,网格各边或各个内角相差不大、网格面不过分扭曲、边节点位于边界等分点四周的网格质量较好。网格质量可用细长比、锥度比、内角、翘曲量、拉伸值、边节点位置偏差等指标进行度量。

划分网格时一般要求网格质量能达到某些指标要求。在重点研究的结构关键部位,应保证划分高质量网格,即使是个别质量很差的网格也会引起很大的局部误差。而在结构次要部位,网格质量可适当降低。当模型中存在质量很差的网格(称为畸形网格)时,计算过程将无法进行。图 2.4 所示是 3 种常见的畸形网格,其中图 2.4(a)所示单元的节点交叉编号,图 2.4(b)所示单元的内角大于 180°,图 2.4(c)所示单元的两对节点重合,网格面积为零。

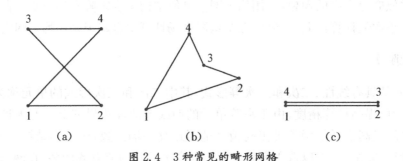

(a)　　　　　　(b)　　　　　　(c)

图 2.4　3 种常见的畸形网格

2.2.5 网格分界面和分界点

结构中的一些特殊界面和特殊点应分为网格边界或节点以便定义材料特性、物理特性、载荷和位移约束条件。应使网格形式满足边界条件特点,而不应让边界条件来适应网格。常见的特殊界面和特殊点有材料分界面、几何尺寸突变面、分布载荷分界线(点)、集中载荷作用点和位移约束作用点等。图 2.5 所示是具有上述几种界面的结构及其网格划分形式。

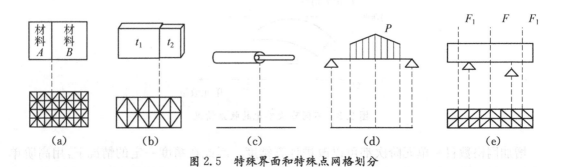

(a)　　　　　(b)　　　　　(c)　　　　　(d)　　　　　(e)

图 2.5　特殊界面和特殊点网格划分

2.2.6　位移协调性

位移协调是指单元上的力和力矩能够通过节点传递相邻单元。为保证位移协调性，一个单元的节点必须同时也是相邻单元的节点，而不应是内点或边界点。相邻单元的共有节点具有相同的自由度。否则，单元之间须用多点约束等式或约束单元进行约束处理。图 2.6 所示是两种位移不协调的网格划分，图 2.6(a) 中的节点 1 仅属于一个单元，变形后会产生材料裂缝或重叠。图 2.6(b) 中的平面单元和梁单元节点的自由度性质不同，梁单元的力矩无法传递到平面单元。

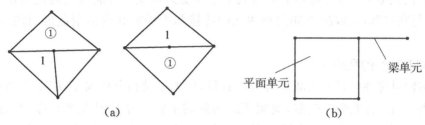

图 2.6　两种位移不协调的网格划分

2.2.7　网格布局

当结构外形对称时，其网格也应划分为对称网格，以使模型表现出相应的对称特性（如集中质矩阵对称）。不对称布局会引起一定误差，在图 2.7(a) 中，悬臂梁截面相对 y 轴对称，在对称载荷作用下，自由端两对称节点 1、2 的挠度值本应相等。但若划分成图 2.7(b) 所示的不对称网格，计算出的 $y_1 = 0.034\,6$，$y_2 = 0.035\,0$。若改用图 2.7(c) 所示的网格，则 y_1 和 y_2 完全相同。

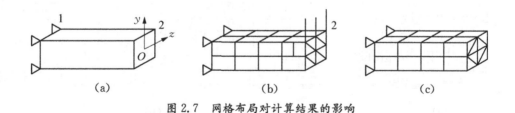

图 2.7　网格布局对计算结果的影响

2.2.8　节点和单元编号

节点和单元编号会影响结构总刚矩阵的带宽和波前数，从而影响计算时间和存储容量的大小，因此正确的编号有利于提高计算速度。但对复杂模型和自动分网而言，人为确定正确的编号很困难，目前很多有限元分析软件自带优化器，网格划分后可进行带宽和波前优化，从而减轻人们的工作量。

2.3 船体结构模型化

2.3.1 船体结构模型的简化处理

为了进行结构计算,分析结构的应力与变形,一般都要将实际结构进行一些简化,然后选用适当的计算方案和方法进行计算,得出计算结果,并在实践中检验计算结果的准确性。这是一般结构力学所采用的共同方法。有限元建模分析时,结构模型简化处理主要解决两方面的问题:一是从总体上如何利用结构受力特点尽可能应用简化的模型,以减少自由度;二是在局部,要解决不同类型单元的连接和由于特殊构造引起的总刚方程"病态"问题。

1. 结构对称性的利用

利用结构对称性可以大大减少自由度数目,使大型结构分析易于实现,节省时间,因此有很大使用价值。在判断的时候,观察图纸两侧的主要构件是否大致对称,若是有微小不同,只要对主要构件的最终受力结果影响不大,仍然认为其是对称的。如图 2.8 是锚机基座的受力分析图。图 2.8(a)是半侧图,图 2.8(b)是全视图,该图关于 x 轴对称的两侧虽然有微小变化,但是最终结果的分析几乎相同。所以在实际分析时,采用图 2.8(a)分析即可。

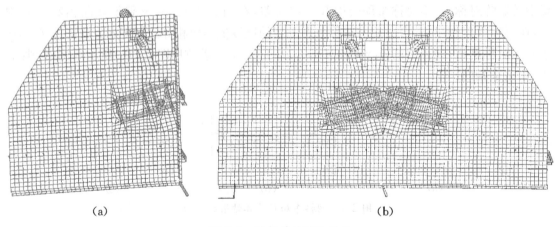

(a)   (b)

图 2.8 结构对称性的利用

2. 等效模型

在有限元的建模分析中,等效模型是比较常用的。比如,船舶常用的加强筋结构包括扁钢、角钢和球扁钢等,但是球扁钢的模拟和建模非常困难,这个时候只需要将相应的球扁钢进行等效变换,即可用相应的等效角钢替换。等效的基础是两者具有相同的剖面模数。表 2.1 展示了船舶中常用的球扁钢转换为等效角钢的尺寸。

等效刚度模型还可以将空间结构用二维甚至一维模型来分析,使未知数大大减少。这在建筑结构计算中应用很普遍,例如,把高层建筑框架作为杆系结构计算时,超静定次数很

表 2.1　常用球扁钢与等效角钢相对应的尺寸　　　　　单位:mm

球扁钢	等效角钢尺寸			球扁钢	等效角钢尺寸		
HP60X4	55.48	25.20	4.52	HP200X11.5	180.26	39.35	19.74
HP60X5	55.48	27.50	4.52	HP200X12	180.26	39.85	19.74
HP60X6	55.48	29.80	4.52	HP220X11.5	198.09	42.34	21.91
HP80X5	73.30	24.40	6.70	HP240X10	215.91	43.82	24.09
HP80X6	73.30	26.04	6.70	HP240X11	215.91	44.82	24.09
HP80X7	73.30	27.67	6.70	HP240X12	215.91	45.82	24.09
HP100X6	91.13	23.34	8.87	HP260X10	233.74	46.81	26.26
HP100X7	91.13	24.57	8.87	HP260X11	233.74	47.81	26.26
HP100X8	91.13	25.81	8.87	HP260X12	233.74	48.81	26.26
HP120X6	108.96	24.10	11.04	HP280X11	251.57	50.79	28.43
HP120X7	108.96	25.20	11.04	HP280X12	251.57	51.79	28.43
HP120X8	108.96	26.30	11.04	HP300X11	269.39	53.78	30.61
HP140X7	126.78	25.90	13.22	HP300X12	269.39	54.78	30.61
HP140X8	126.78	26.90	13.22	HP300X13	269.39	55.78	30.61
HP140X9	126.78	27.90	13.22	HP320X12	287.22	57.76	32.78
HP140X10	126.78	28.90	13.22	HP320X13	287.22	58.76	32.78
HP160X7	144.61	28.88	15.39	HP340X12	305.04	60.75	34.96
HP160X8	144.61	29.88	15.39	HP340X14	305.04	62.75	34.96
HP160X9	144.61	30.88	15.39	HP370X13	331.78	66.22	38.22
HP180X8	162.43	32.87	17.57	HP370X15	331.78	68.22	38.22
HP180X9	162.43	33.87	17.57	HP400X14	358.52	71.70	41.48
HP180X10	162.43	34.87	17.57	HP400X16	358.52	73.70	41.48
HP200X9	180.26	36.85	19.74	HP430X15	385.26	77.18	44.74
HP200X10	180.26	37.85	19.74	HP430X17	385.26	79.18	44.74
HP200X11	180.26	38.85	19.74				

高,节点位移未知数很多,可以采用等效续化的方法,把离散件组成的结构转化为正交异性连续薄板所组成的结构,然后作为连续体进行有限元分析,未知数可大幅减少。把离散杆件的框架转化为等效的正交异性板,关键问题是求出等效弹性常数,即等效弹性模量、剪切模量和泊松比。

　　在全船振动的有限元建模分析中,常常把船尾按照船舶标准结构建立模型,而把其余结构用等效的梁单元模拟,模拟的基础是两者具有相同的惯性矩。

3. 主从关系的应用

在有限元分析中,主从关系是指两个或多个节点的一种特殊连接关系,其中一个节点(称为主节点)的部分位移与另一个节点(称为从节点)的对应位移直接相关。应用主从关系,不但可以减少未知自由度数目,而且还可以避免方程组出现"病态"。

2.3.2 加筋板格的模型化

在本节中介绍等剪应力单元,通过这种单元,可以将一种在任一方向或是两个方向具有任意数量的平行加强筋的矩形平面加筋板格的面内刚度模型化。这种单元主要用于表示在船舶结构的刚架和纵桁之间的矩形加筋板,板格可以相当大,所以应注意保证单元具有足够的精度来表示这样大的结构部分。例如在船侧板中,船体梁应力沿竖向线性的变换,因此板格元必须至少考虑到正应力的线性变化。大的板格几乎都具有与板相连接的加强筋,因为横向载荷和面内压缩载荷会引起结构屈曲,因此出现了应采用哪种单元表示一个加筋板格的问题。

作为一个起点,需要再次注意这样的事实,即板的弯曲和加强筋的弯曲,不需要作为船体模块分析的组成部分,因此仅仅需要将板格的面内刚度模型化。并且,在船体模块层次上,分别表示每一根加强筋肯定是不妥当的,因为这需要沿着板格各边设置中间节点,所以需要很大的存储量和计算工作量。因此,在表示加筋板格面内刚度的方法中,要求只采用角节点。可以用三种不同的方法来做到这点。

(1)"归并"加强筋法。用两根铰支的杆元来代表加强筋的总影响,在板格的每一边上设置一个杆元。

(2)正交异性板法。在本方法中,令加强筋同板融合在一起,将加筋板格表示为一块在两个正交方向上具有不同的应力-应变关系的板。

(3)利用单独的"加强筋元"法。即用一种特殊的膜元代表加强筋。这种膜元的面积扩展到与板相同,并且具有与板相同的角节点和自由度。在这个方法中,假设加强筋在 x 轴方向具有同板一样的位移形式。这就允许用与板相同的方式计算加强筋的应变能和导出加强筋的刚度矩阵。板格的刚度矩阵则是两个单独的刚度矩阵之和。

上述三种方法中最简单的是"归并",但是这个方法的精度要比另外两个方法低,因此在本节中不予考虑。单独的"加强筋元"法是推导一个表示加强筋特殊的矩形膜元,属于一种特殊的单元。正交异性板法是最常用的方法,所以这里将重点讲述。

在正交异性板法中,将加筋板格表示为一块不加筋的,但具有正交异性性质的板,即板在两个正交方向具有不同的应力-应变关系。

图 2.9 表示一块矩形板,其弹性模量为 E,泊松比为 μ,在平行于 x 轴的方向上没有加强筋,均匀的应力 σ_x 引起应变 $\varepsilon_x = \sigma_x/rE$,其中 r 是总横剖面面积与板的面积(Bt)之比。相关的泊松应变(纵向应力引起的横向应变)为 $\varepsilon_y = -\mu\sigma_x/rE$。

当均匀的拉伸应力 σ_y 作用于板上时,由于泊松效应,板在 x 轴方向上发生收缩,然而,加强筋只能承受 x 轴方向上的应力,并不会因 σ_y 引起的泊松效应而发生收缩。在这种情况下,为确保板与加强筋之间的挠度具有一致性,体系内部将会产生特定的内应力。具体来讲,加强筋将承受压应力 σ_s,而板则承受平均的拉应力 σ_p(假设加强筋靠得很近,允许采用一种平均的板中应力)。由平衡条件得

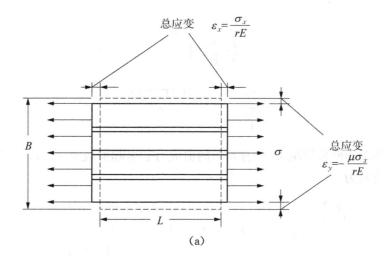

(a)

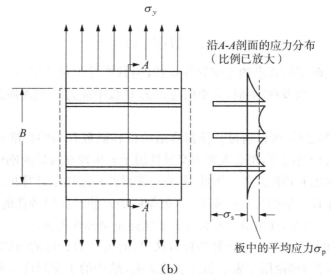

(b)

图 2.9　一个加筋板格中的应力和应变

$$\sigma_\mathrm{p} B t = \sigma_\mathrm{s} (r-1) B t \tag{2.1}$$

板的长度 L 变化了 δ_p，而加强筋长度变化了 δ_s，这里

$$\delta_\mathrm{p} = \frac{L}{E} (\sigma_\mathrm{p} - \mu \sigma_y) \tag{2.2}$$

$$\delta_\mathrm{s} = \frac{L}{E} \sigma_\mathrm{s} \tag{2.3}$$

由于相容性，$\delta_\mathrm{p} = \delta_\mathrm{s}$，故得

$$\frac{\sigma_\mathrm{p}}{\sigma_y} = \frac{\mu(r-1)}{r} \tag{2.4}$$

$$\frac{\sigma_\mathrm{s}}{\sigma_y} = \frac{-\mu}{r} \tag{2.5}$$

$$\frac{\varepsilon_x}{\left(\dfrac{-\mu\sigma_y}{E}\right)}=\frac{1}{r} \tag{2.6}$$

$$\frac{\varepsilon_x}{\left(\dfrac{\sigma_y}{E}\right)}=1-\frac{\mu^2(r-1)}{r} \tag{2.7}$$

在加筋和不加筋两种情况下,一种均匀的剪应力 τ 引起剪应变 $\gamma=r/G$,因此加筋板的应力应变关系可写为

$$\begin{Bmatrix}\varepsilon_x\\\varepsilon_y\\\gamma\end{Bmatrix}=\frac{1}{rE}\begin{Bmatrix}1 & -\mu & 0\\-\mu & r-\mu^2(r-1) & 0\\0 & 0 & 2r(1+\mu)\end{Bmatrix}\begin{Bmatrix}\sigma_x\\\sigma_y\\\tau\end{Bmatrix} \tag{2.8}$$

或

$$\{\varepsilon\}=[D]^{-1}\{\sigma\} \tag{2.9}$$

虽然式(2.9)反映了所要求的正交异性特性,但其推导中包含了两个简化假设,即加强筋均匀分布于板面上,以及在加筋板格中的应力 σ_x 是板中应力 σ_p 和加强筋中应力 σ_s 的某种平均。

建立了 $[D]$ 矩阵之后,可以通过从任何合适的位移函数开始的标准程序导出正交异性板格刚度矩阵,在每种情况下,都会发现正交异性因子 r 出现在最后的刚度矩阵的许多不同的项中,并且无法提出到矩阵之外。因此,若将正交异性板法用于计算机辅助设计或用于结构优化设计,则基本设计量的每一种变更,即板厚或加强筋的任何特性的变更,将要求完全重新计算刚度矩阵。为此,在本节中不再进一步阐述正交异性板法。

最后值得一提的是,当采用正交异性板方法时,有关应力计算的问题,可以证明正交异性板(材料的正交异性)理论用于表示加强筋的影响(结构的正交异性),要求对用这种理论计算出的应力 σ_x 做一次最后的修正。这点可以通过图 2.9(b)中所示的板格来说明。一种均匀的应力 σ_x 相当于一个力 $F_x=Bt\sigma_x$,加强筋的增加将面积变成 rBt,因此对于不变的 F_x,应力下降为 σ_x/r。因为有限元分析涉及力-位移关系而不是应力-应变关系,所以由正交异性模型求出的应力 σ_x,必须用一个放大系数 $1/r$ 来修正。

2.3.3 桁架的模型化

在船体模块的模型化中,可用两种基本类型的元来表达几乎整个结构。两种基本元,即梁元和矩形加筋板元。一般来说,梁的主要作用是承受作用于板表面的横向载荷,以使板的薄壁表面或外表面保持合适的位置和形状,从而使板本身也能承担存在于结构中的面内载荷。

在梁和板格模型化中的重要要求是提供一个关于它们之间相互作用的恰当表示,包含两种载荷模式和响应模式:横向载荷和相应的梁弯曲响应。梁中的轴向载荷及板中的面内载荷和相应的轴向应变及面内应变。

梁和板的相互作用是在上述两种载荷和响应模式之间的相互作用。这种相互作用发生在两个方向，现在分别考虑每一个方向的相互作用。

1. 梁弯曲对板的面内响应的影响

在与板相连接的梁中，板成为梁的一个面板，因此除了承受由船体梁载荷引起的直接或主要的面内应力 $(\sigma_a)_1$ 之外，还承受由弯曲引起的面内应力 $(\sigma_{x,b})_p$。带板常常比梁本身的面板要宽得多，因此组合剖面的中和轴通常靠近带板，结果是 $(\sigma_{x,b})_p$ 常小于 $(\sigma_a)_1$，故有时被称为次应力。由于剪切滞后，带板有一个有效宽度 b_e，这个有效宽度小于梁的间距 b，一般 $0.5 < b_e/b < 0.8$。因为带板有较大的宽度，所以梁的剖面是不对称的。

2. 轴向载荷或面内载荷对梁弯曲的影响

轴向载荷或面内载荷经常是一种外加的应力 $(\sigma_a)_1$，例如，由于船体梁响应引起的应力，在船体梁弯曲的情况下，这种应力均匀地作用在梁上和板上（假设梁刚性连接于板上，并且足够长）。在这种情况下，梁中的外加应力 $(\sigma_a)_{梁}$ 与板中的外加应力 $(\sigma_a)_1$ 相同。若板中的应力不均匀，则 $(\sigma_a)_1$ 就是一种平均应力，而它将略微不同于 $(\sigma_a)_{梁}$。这时，总的应力并不准确地通过两个构件的组合形心，而这就会引起梁的某种弯曲。但是这种影响相当小，一般可以略去，或者以后作为第三层次（单独构件）分析的一部分来考虑。在某种特定的情况下，这种诱导弯矩可能较大，例如一个轴向载荷仅作用在一根短梁的两端，而不是作用在板上。在这种情况下，可以明确地求出偏心力矩（通过组合形心来求矩），并且将它作为一种附加载荷作用在梁的两端节点上。因此，除了要求包括局部弯矩的地方以外，通常不需要在船体模块分析中考虑或者特别地估计轴向载荷对梁弯曲的影响。

在受到轴向压力时，就存在屈曲的可能（包括梁的屈曲或板的屈曲），这种轴向压力还可能引起相当显著的偏心弯曲。当梁的载荷趋近其屈曲载荷时，使横向挠度增加，而这又导致弯曲更加增大。此外，若板先于梁弯曲，则剖面的有效形心（内部轴向力的作用线）将离板更远，而由此产生的偏心度将引起梁的弯曲。

尽管屈曲有它的重要性，但是它并不同船体模块分析直接相关。虽然在总体设计过程的每一轮计算中，都要研究过梁和板的屈曲，而在重新设计中，即在下一轮开始前，通过构件的重新设计，这种屈曲立即被消除，因此对于船体模块分析来说，所构建的屈曲的研究不需要也不形成船体模块分析的一个部分。

由上述讨论可得出这样的结论：对于船体模块分析来说，轴向载荷对梁的弯曲的影响不形成船体模块分析的一个部分，而只将这种影响作为单独构件计算的一部分来考虑。就轴向刚度来说，梁和板是独立的。梁和板的轴向刚度可作为单元刚度矩阵的一部分用常规方法计算出来。梁在单元刚度矩阵 $[k]^e$ 中的有关各项将是 $\pm a$，这里 $a = AE/L$，而 A 仅为梁（不含带板）的剖面面积。

至于梁弯曲对面内响应的影响，情况则与弯曲不同。前面曾经说明，这种相互作用是显著的，而且应作为船体模块分析汇总的一个部分来考虑，即应以某种方式将它结合到梁的弯曲要素中，而这就要求一类经过修正的具有适当的弯曲刚度特征的梁单元。

2.3.4　载荷模型化

一个工程结构物所承受的载荷种类繁多，它们由各种不同的因素产生，对于众多工程领域而言,结构本身的计算理论统一性较强,但是载荷则有很大差异,目前,计算规则中所规定的载荷大小,特点和变化规律都具有很大的假定性。我们不打算对载荷因素做出数学模型(载荷的解析模型、概率模型以及载荷规划分析模型等),它是每个工程领域自身的课题。本节中要讨论的问题是:结构在已知的复合外力作用下,如何在有限元计算中处理这些载荷。以海上采油平台结构为例,通常要考虑:自重,各类工作载荷,不同方向的风载、波浪力、海水以及地震等载荷作用。这些载荷来源不一,但是在结构上一般都是同时作用的。在结构线性分析中,完全可以对各种单个因素的载荷进行计算,求得内力响应,而结构的实际工作状况则可由这些单种因素结果进行线性组合叠加而得。

一般而言,将这类单种因素的载荷称为载荷模式,把结构实际所受到的复合外力称为载荷工况。载荷工况是由载荷模式线性组合而成的。现以 SAP 程序处理多工况载荷的方法为例来说明如何进行多工况载荷组合。

多工况的有限元方程可以写成

$$K_{n \times n} \delta_{n \times LL} = Q_{n \times LL} \tag{2.10}$$

式中,n 为方程数;LL 为工况数。

载荷矩阵 Q 可以分成两部分,即

$$Q_{n \times LL} = Q_{n \times LL}^c + Q_{n \times LL}^e \tag{2.11}$$

式中,$Q_{n \times LL}^c$ 为作用在节点上的集中力,取总体坐标方向,按不同工况直接输入;$Q_{n \times LL}^e$ 为单元载荷,它是由体力、温度力和面力形成的并且已经移置到节点上的等效载荷矩阵。

每种工况下,结构的实际载荷列由两级组合而成:

第一级:在单元分析阶段,将单元的基本载荷,即 x,y,z 轴方向重力、温度力 T 和面力 p(已按单元自由度 ND 移置到节点上),分别组成 A,B,C,D 四种载荷模式,即

$$R_{ND \times 4} = \begin{matrix} X & Y & Z & T & P \\ \left[\quad\quad R_{ij} \quad\quad \right]_{ND \times 5} \end{matrix} \times \begin{matrix} \\ X \\ Y \\ Z \\ T \\ P \end{matrix}\begin{matrix} A & B & C & D \\ \left[\quad\quad f_{ij} \quad\quad \right]_{5 \times 4} \end{matrix} \tag{2.12}$$

式中,f_{ij} 为单元载荷模式因子,表示五种基本载荷对四种模式的贡献,由用户自行分配。

第二级:将四种载荷模式按照实际工况要求,用户按工况因子(比例系数)进行搭配,最终形成各工况($LL = 1, 2, \cdots\cdots$)下的结构实际载荷,即

$$Q_{n \times LL} = \begin{matrix} A & B & C & D \\ \left[\quad\quad R_{ij} \quad\quad \right]_{n \times 4} \end{matrix} \times \begin{matrix} \\ A \\ B \\ C \\ D \end{matrix}\begin{matrix} LL = 1, 2, \cdots\cdots \\ \left[\quad\quad F_{ij} \quad\quad \right]_{4 \times LL} \end{matrix} \tag{2.13}$$

式中，F_{ij} 为工况因子。

例如，某结构受有温度力 T、分布力 P 及自重 Y（重力取总体坐标 y 轴方向）作用，要求计算如下 5 种工况：

(1) 自重＋温度力$(Y+T)$。

(2) 温度力＋分布力$(T+P)$。

(3) 自重＋分布力$(Y+P)$。

(4) 自重＋分布力＋温度力$(Y+P+T)$。

(5) 只有分布力 P 作用（不计自重）。

在单元分析阶段形成四种单元载荷模式，通过输入载荷模式因子 f_{ij}：

$$
\begin{array}{c}
\begin{matrix} X & Y & Z & T & P \end{matrix} \\
\left[\quad R_{ij} \quad \right]_{ND \times 5}
\end{array}
\times
\begin{array}{c}
\begin{matrix} A & B & C & D \end{matrix} \\
\begin{matrix} X \\ Y \\ Z \\ T \\ P \end{matrix}
\left[\begin{matrix} 0 & 0 & 0 & 0 \\ -1 & 0 & -1 & 0 \\ 0 & 0 & 0 & 0 \\ -1 & 1 & 0 & 1 \\ 0 & 1 & -1 & 1 \end{matrix} \right]_{5 \times 4}
\end{array}
$$

$$
=
\begin{array}{c}
\begin{matrix} A & B & C & D \end{matrix} \\
\left[\begin{matrix} -(Y+T) & (T+P) & -(Y+P) & (Y+T+P) \end{matrix} \right]_{ND \times 4}
\end{array}
\tag{2.14}
$$

将 4 种模式按工况因子（由用户输入）搭配成所要求的工况载荷：

$$
\begin{array}{c}
\begin{matrix} A & B & C & D \end{matrix} \\
\left[\begin{matrix} -(Y+T) & (T+P) & -(Y+P) & (Y+T+P) \end{matrix} \right]_{n \times 4}
\end{array}
\times
\begin{array}{c}
\begin{matrix} LL=1 & 2 & 3 & 4 & 5 \end{matrix} \\
\begin{matrix} A \\ B \\ C \\ D \end{matrix}
\left[\begin{matrix} -1 & 0 & 0 & 0 & 1 \\ 0 & 1 & 0 & 0 & 0 \\ 0 & 0 & -1 & 0 & 0 \\ 0 & 0 & 0 & 1 & 1 \end{matrix} \right]_{4 \times 5}
\end{array}
\tag{2.15}
$$

例如，第 5 种工况载荷为：

$$
\begin{aligned}
Q_{ij} &= -(Y+T) \times 1 + (T+P) \times 0 - (Y+P) \times 0 + (Y+T+P) \times 1 \\
&= -Y-T+Y+T+P = P
\end{aligned}
\tag{2.16}
$$

由此可见，对于多工况计算应用载荷模式和工况因子进行二级组合是非常灵活和方便的。

几乎在所有情况下，船体模块至少具有横向的对称性，即左右弦对称。当载荷不对称时，应考虑如何充分利用结构的对称性特点，可以节省计算工作量。若是相反的情况，即结构甚至连横向的对称性都谈不上，那么此时即使载荷是对称的，也必须将整个结构模型化。

在整个结构(船体梁)层次上的重要响应是垂向弯曲和扭转。水平弯曲和垂向弯曲相似,因而,除非作为扭转分析的一部分,一般很少详尽地考虑水平弯曲,船体模块结构除了横向对称以外,还常常具有纵向对称性,即关于跨中横向平面的对称性。即使结构不是纵向对称的,也可以近似地做这种简化。另一方面,有许多例子,其中船体模块确实不是纵向对称的,则需要讨论关于结构纵向对称和不对称两种情况。除了结构的对称以外,还有载荷对称性的问题。

2.3.5 边界条件的处理

1. 位移约束的基本形式

由于结构在构造上的要求,有些部件刚度很大,它就对其他部件构成刚性约束,使某些节点的位移受到限制;有些结构部件间的链接不是完全固接的,或节点位移不是相互独立的。如何处理这些约束就成为结构模型化的重要内容。

由于有限元位移法是以节点位移为未知数的,所以讨论的节点约束是对位移的限制。一般结构的一个节点最多有六个自由度(薄壁梁除外),即三个线位移和三个角位移,即

$$\delta_l = \begin{bmatrix} u_{xi} & u_{yi} & u_{zi} & \theta_{xi} & \theta_{yi} & \theta_{zi} \end{bmatrix}^T \tag{2.17}$$

下面讨论各种约束情况的处理方法:

(1) 刚性约束:不允许发生位移的约束,如固定铰支座的线位移为零;固定刚性支座的线位移和角位移为零等。刚性约束在节点分析阶段以约束代码的形式给出。

应该指出,对于在平面内变形的结构,垂直于该平面没有载荷作用,成为零载荷平面,该平面没有节点位移,所以在约束代码中作为刚性约束。另外,在二维问题中,节点只有位移自由度,没有转动,则对应平面为零刚度平面,该平面内的所有自由度均应约束。

(2) 弹性约束:反力与位移成正比的约束称为弹性支座;反力矩与转角成正比的约束称为弹性固定端。这种约束用弹簧元来处理,需要定出弹簧元的方向和输入弹簧约束的刚度。弹簧元可与其他单元一样进行组集合求解。

(3) 指定位移约束:如果节点在某一方向的位移被给定,则可在该方向加一个刚度很大的弹簧元来处理。输入给定的位移值作为弹簧元的单元载荷。

(4) 斜约束:约束方向与总体坐标轴的方向不一致,称为斜约束。可以应用弹簧元来处理,需要输入一个很大的刚度。实际上,只要刚度比其周围的单元对本节点贡献的刚度大几个数量级就能保证弹簧元方向的位移等于零了,同时这还可以避免总刚度方程发生"病态"。

2. 三舱段模型的边界条件

以某船的三舱段结构模型为例(见图 2.10),边界条件施加如下:

(1) 如果载荷左右对称,则中纵剖面内节点的横向位移为 0,绕中纵剖面内的两个坐标轴的角位移为 0,即 $\delta_y = \theta_x = \theta_z = 0$。

(2) 如果载荷左右反对称,则中纵剖面内节点沿中纵剖面内两个坐标轴方向的线位移为 0,绕垂直于中纵剖面的坐标轴的角位移为 0,即 $\delta_x = \delta_z = \theta_y = 0$。

(3) 端面约束。端面约束主要是一端独立点约束 δ_x, δ_y, δ_z, θ_x, θ_y, θ_z,另一端独立点约束 δ_y, δ_z, θ_x, θ_z,如表 2.2 所示。

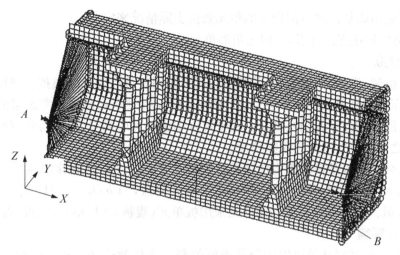

图 2.10　三舱段模型示意图

表 2.2　舱段模型施加约束

约束	线位移			角位移		
	δ_x	δ_y	δ_z	θ_x	θ_y	θ_z
中纵舱壁	—	约束	—	约束	—	约束
端面 A	连接	—	连接	—	连接	连接
端面 B	连接	—	连接	—	连接	连接
独立点 A	约束	约束	约束	约束	端面总弯矩	约束
独立点 B	—	约束	约束	约束	端面总弯矩	约束

2.4　入级规范对船体结构建模的有关要求

下面以舱段模型为例,说明各规范对舱段模型建模的相关规定。

2.4.1　《CCS 散货船、油船直接计算指南》的有关规定

1. 模型范围

模型范围取船中货舱区的 1/2 货舱＋1 个货舱＋1/2 货舱,以减少边界条件的影响。横向取船宽范围,如果结构和载荷对称于中纵剖面,可仅取模型化船体的右舷(或左舷),垂向取型深范围。

2. 有限元网格

(1) 沿船体横向和垂向以纵骨间距为一个单元。

(2) 沿船体纵向以肋位间距(或参照纵骨间距)为一个单元。

(3) 沿主要构件(如横向框架、双层底纵桁、实肋板、横舱壁的垂向和横向桁材)的腹板高度方向划分为三个单元。这一规定主要适用于大型货船,其构件腹板较高,划分为三个单

元,对一般货船沿腹板高度方向划分的单元数由实际情况来定。

(4) 网格尽量接近正方形,少用三角形单元。

3. 单元模拟

壳板、强框架、纵桁、舱壁桁材、肋板等的高腹板用 4 节点壳单元模拟。强框架、桁材、肋板等构件的面板用杆单元模拟。纵骨、舱壁扶强材等用梁单元模拟并考虑梁的偏置。肋板上的加强肋、肘板的面板等用杆单元。肋骨可以用板单元或梁单元,当肋骨腹板的高度与舷侧网格尺寸之比小于 1/3 时可用梁单元。

强框架、强肋骨以及桁材等构件视其腹板高度 h 与跨度 L 之比来决定采用板单元或梁单元,当 $h/L \leqslant 1/10$ 则可用 Timoshenko 梁单元离散,当 $h/L \leqslant 1/15$ 时,也可用 Euler-Bernolli 梁离散。如不能满足梁的条件则采用板单元(腹板)+杆单元(面板)离散。

4. 开孔的影响

主要构件上的减轻孔等可以用等效板厚的壳元来代替这些开孔的影响。CCS《集装箱船结构强度直接计算指南》规定,一般强框架腹板及双层底肋板上的开孔可用删除对应位置的单元来表示。这一规定比用等效板厚的壳元来代替这些开孔的影响更合理一些,因此,对梁腹板上的开孔,可在梁剖面特性计算中扣除。

2.4.2 《IACS 散货船结构共同规范直接强度分析》的有关规定

船长 150 m 及以上的船舶,需基于三维有限元分析来开展主要支撑构件的直接强度评估工作。货舱结构整体舱段有限元强度分析,用于验证在施加的静、动载荷作用下,以下各项内容满足验收衡准:船体梁和主要支撑构件的应力水平、主要支撑构件的屈曲能力、主要支撑构件的挠度。

1. 分析模型的范围

有限元模型的纵向范围应覆盖三个货舱长度和四个横舱壁。模型端部的横舱壁应连同各自的壁凳包括在模型中。模型的两端均应形成垂直平面,任何位于端面位置的强框架应包括在模型中。

有限元模型应覆盖船舶的两舷,以考虑横向波浪载荷的不对称性。所有主要构件应在有限元模型中建模,其中包括:内壳和外壳、双层底肋板和桁材系统、横框架和垂直桁材、水平桁材以及横舱壁和纵舱壁。这些构件上的所有板和扶强材均应建模。

2. 分析模型的有限元建模

交叉联系模型(板架)所述的所有主要构件(板和扶强材)均应在有限元模型中建模。有限元网格边界应尽可能模拟实际结构的扶强材排列规律,并应表示扶强材之间板格的真实几何形状。

每个构件的刚度应以适当的单元类型恰当表示。选择单元类型应按照以下准则:

第一,扶强材应以梁单元或具有轴向、扭转、双向剪切和弯曲刚度的杆单元建模。不过主要支撑构件的腹板加强肋和面板可用仅具有轴向刚度、沿单元长度剖面积不变的杆单元建模。

第二,板应以具有面外弯曲刚度、双轴向刚度和面内刚度的壳单元建模。但是,对于不承受侧向压力的板可用仅具有双轴向、面内刚度的膜单元建模。

对于膜单元和壳单元应只采用线性四边形和三角形的膜、壳单元,并应尽可能避免三角形单元,特别是在高应力区域和开孔周围、肘板连接处和折角连接处这些应力梯度大的区域。

第三,加肋板可用二维正交各向异性单元建模,以恰当表示板格刚度。

1) 当有限元模型中没有使用正交各向异性单元表示时

(1) 网格尺寸应小于等于所表示的纵骨间距或舷侧肋骨间距。

(2) 扶强材应以杆(rod)和/或梁(beam/bar)单元建模。

(3) 如设置双壳,主要支撑构件腹板沿高度方向应至少分为 3 个单元。

(4) 如不设置双壳,舷侧肋骨和端部肘板的腹板应以壳单元建模,面板应以壳/梁/杆单元建模。

(5) 舷侧肋骨腹板沿高度方向可不必分为多个单元。

(6) 单元长宽比应不大于 4:1。

2) 当有限元模型中加肋板用正交各向异性单元表示时

(1) 对于双层底纵桁或肋板构件,单元高度应为双层底高度。

(2) 如扶强材位于两个正交各向异性单元间的边缘,扶强材可通过使用梁/杆单元建模,也可通过将扶强材刚度赋予到两个正交各向异性单元上来虚拟建模。

(3) 如果扶强材位于一个正交各向异性单元和一个膜/壳单元间的边缘,扶强材应以梁/杆单元建模。

(4) 如果扶强材位于两个膜/壳单元间的边缘,扶强材应通过使用梁/杆单元建模。

(5) 如设置双壳,主要支撑构件的腹板沿高度应以一个单元建模。

(6) 如不设置双壳,至少三档肋骨应有一根建模,肋骨与其相连的端部肘板的腹板应以壳单元建模,面板应以壳/梁单元建模。

(7) 单元长宽比应不大于 2:1。

3. 坐标系统的确定

整船模型的总体(基本)坐标系采用右手直角坐标系,原点设在船纵中剖面内尾垂线 0 号肋位和基线相交处:

(1) x 轴:沿船纵向,从船尾 0 号肋位处指向船首方向为正。

(2) y 轴:沿船横向,从中心线向左舷为正。

(3) z 轴:沿船垂向,从基线向上为正。

4. 单元类型

计算模型中共采用三类单元:

板(shell)单元:模拟甲板、外壳板、外底板、双层底纵桁、舷侧纵桁、内底板、底边舱斜板、顶边舱斜板、双层底实肋板、底边舱隔板、舷侧肋板、顶边舱隔板、甲板横梁、横舱壁、卸货板、底凳和顶凳的壁板、面板、横隔板、舱口围板及其面板、肘板等构件中的板壳结构以及各种构件之间的连接肘板。板厚按照 JBP 规范的要求取构件的"净"厚度。板单元以四边形单元为主,在构件连接和圆弧过渡的地方采用少量三角形单元。

梁单元:模拟各种构件上的尺寸较大且连续的纵骨、加强筋、扶强材等。按照实际情况考虑梁的截面和偏心。

杆单元:模拟诸如开孔处面板、间断且尺寸较小的加强筋等。

有限元模型的网格大小:纵向以肋骨间距为基准,横向以纵骨间距为基准。四边形单元边长比不超过1:3。

5. 船体梁载荷

(1)一般要求。每个装载工况应包括相应船体梁载荷。载荷组合采用对每个载荷工况规定的波浪垂向、水平弯矩和波浪垂向切应力的载荷组合因子。

(2)垂向弯矩分析。对本规范规定的工况需要进行垂向弯矩分析。在垂向弯矩分析中,船体梁载荷目标值为可能在有限元模型的中部舱中心处发生的最大垂向弯矩。船体梁目标值可参考表2.3,并考虑本规范规定的垂向静水弯矩。

表2.3 垂向弯矩分析的目标载荷

船体梁作用	静水	波浪	考虑位置
垂向弯矩	M_{SW}	$C_{WV}M_{WV}$	中部舱中心
垂向剪力	0	0	中部舱中心
水平弯矩	—	$C_{WH}M_{WH}$	中部舱中心
水平剪力	—	0	中部舱中心

表中:M_{SW} 为垂向静水弯矩;C_{WV} 为垂向波浪弯矩系数;C_{WH} 为水平波浪弯矩系数;M_{WH} 为水平波浪弯矩。

(3)垂向剪力分析。对本规范规定的工况需要进行垂向剪力分析。在垂向剪力分析中,船体梁载荷目标值为可能在有限元模型的中部舱前舱壁处发生的最大垂向剪力,折减后的垂向弯矩应同时考虑。船体梁目标值可由表2.4得到,并考虑本规范规定的垂向静水弯矩和剪力。

表2.4 垂向剪力分析的目标载荷

船体梁作用	静水	波浪	考虑位置
垂向弯矩	$0.8M_{SW}$	$0.65C_{WV}M_{WV}$	横舱壁
垂向剪力	Q_{SW}	Q_{WV}	横舱壁
水平弯矩	—	0	横舱壁
水平剪力	—	0	横舱壁

(4)局部载荷的影响。由施加在模型上的局部载荷引起的船体梁剪力和弯矩分布,按照船体简单梁理论计算。模型两端的反作用力和由局部载荷引起的船体梁剪力和弯矩分布,需要按照相应公式计算。

(5)计算船体梁载荷的方法。在弯矩分布中评估主要支撑构件时,考虑船体梁载荷/应力可以采用两种不同的方法。

① 将船体梁载荷直接施加到有限元模型上(直接法)。

② 将侧向载荷结构分析中得到的应力单独与船体梁应力相叠加(叠加法)。

　　(6) 直接法。剪力分析时,应使用直接法。在直接法中,船体梁载荷直接作用于三维有限元模型中并予以考虑。为了考虑(2)和(3)规定的船体梁载荷及(4)规定的局部载荷影响,应在模型两端施加平衡载荷。

　　为了控制目标位置处的剪力,两组强迫弯矩应施加在模型两端。为了控制目标位置处的弯矩,另外两组强迫弯矩应施加在模型两端。

　　模型端部的强迫弯矩可以采用以下方法产生:

　　① 对模型端部剖面施加分布力,产生的合力应等于零,产生的弯矩应等于强迫弯矩。分布力应施加到纵向构件节点上,并根据薄壁梁理论确定。

　　② 在所述独立点上施加集中弯矩。

　　(7) 叠加法。在叠加法中分析垂向弯矩时,按照相应公式计算得到的应力与三维有限元分析的纵向构件单元的纵向应力叠加。垂向剪力分析应按照(6)的要求进行。

第 3 章　有限元分析软件及其应用

3.1　软件介绍

3.1.1　有限元分析软件类型

近年来,在计算机技术和数值分析方法支持下发展起来的有限元分析方法为解决复杂的工程分析计算问题提供了有效的途径。从天上的飞机到地上的车辆、桥梁以及船舶与海洋结构物,几乎所有的设计制造都离不开有限元分析计算,有限元分析在工程设计和分析中将得到越来越广泛的重视。早在 20 世纪 50 年代末、60 年代初,国际方面就投入大量的人力和物力开发具有强大功能的有限元分析程序。其中最为著名的是由美国国家宇航局(NASA)在 1965 年委托美国计算科学公司和贝尔航空系统公司开发的 NASTRAN 有限元分析系统。该系统发展至今已有几十个版本,是目前世界上规模最大、功能最强的有限元分析系统。世界各地的研究机构和大学也开发了一批规模较小但使用灵活、价格较低的专用或通用有限元分析软件,主要有德国的 ASKA,英国的 PAFEC,法国的 SYSTUS,美国的 ABAQUS、ADINA、ANSYS、COSMOS、ELAS、MARC 和 STARDYNE 等公司的产品。以下对一些常用的软件进行比较分析。

1. DYNA 系列软件

LS-DYNA 软件是一款通用显式非线性动力分析有限元程序,最初是 1976 年在美国劳伦斯利弗莫尔国家实验室由 J. O. Hallquist（哈尔瑞斯特）主持开发完成的。它最初旨在为核武器弹头设计提供分析工具,历经多次扩充和改进后,其计算功能变得更为强大。此软件受到美国能源部的大力资助,以及世界十余家著名数值模拟软件公司,如安世（ANSYS）、MSC 软件（MSC. software）、ETA 等公司的加盟,这极大地加强了 LS-DYNA 系列软件的前后处理能力和通用性,使其在全世界范围内得到了广泛的使用。在软件的广告中声称可以求解各种三维非线性结构的高速碰撞、爆炸和金属成形等接触非线性,冲击载荷非线性和材料非线性问题。即使是这样一个被人们所称道的数值模拟软件,实际上仍存在诸多不足,特别是在爆炸冲击方面,功能相对较弱,其欧拉混合单元中目前最多只能容许三种物质,边界处理很粗糙,在拉格朗日-欧拉结合方面不如 DYTRAN 灵活。该软件虽然提供了十余种岩土介质模型,但每种模型都有不足,缺少基本材料数据和依据,让用户难以选择和使用。

2. DYTRAN 软件

当前另一个可以计算侵彻与爆炸的商业通用软件是 MSC 公司的 MSC.DYTRAN 程序。该程序是在 LS-DYNA3D 的框架下,在程序中增加荷兰 PISCES INTERNATIONAL 公司开发的 PICSES 的高级流体动力学和流体-结构相互作用功能,还在 PISCES 的欧拉模式算法基础上,开发了物质流动算法和流固耦合算法。在同类软件中,其高度非线性、流固耦合方面有独特之处。

MSC.DYTRAN 的算法基本上可以概况为:MSC.DYTRAN 采用基于拉格朗日格式的有限单元方法(FEM)模拟结构的变形和应力,用基于纯欧拉格式的有限体积方法(FVM)描述材料(包括气体和液体)流动,对通过流体与固体界面传递相互作用的流体-结构耦合分析,采用基于混合的拉格朗日格式和纯欧拉格式的有限单元与有限体积技术,完成全耦合的流体—结构相互作用模拟。MSC.DYTRAN 用有限体积法跟踪物质的流动的流体功能,有效解决了大变形和极度大变形问题,如爆炸分析、高速侵彻。但 MSC.DYTRAN 本身是一个混合物,在继承了 LS-DYNA3D 与 PISCES 优点的同时,也继承了其不足。首先,材料模型不丰富,对于岩土类处理尤其差,虽然提供了用户材料模型接口,但由于程序本身的缺陷,难于将反映材料特性的模型加上去;其次,没有二维计算功能,轴对称问题也只能按三维问题处理,使计算量大幅度增加;在处理冲击问题的接触算法上远不如当前版本 LS-DYNA3D 全面。

3. ABAQUS 软件

HKS公司(现为 ABAQUS 公司)成立于 1978 年,总部位于美国罗得岛州博塔市,是世界知名的高级有限元分析软件公司,其主要业务为非线性有限元分析软件 ABAQUS 的开发、维护及售后服务。ABAQUS 软件在技术、品质以及可靠性等方面具有非常卓越的声誉,对于工程中各种线性和非线性问题,无论简单还是复杂,它都能够提供完美的解决方案,并不断吸取最新的分析理论和计算机技术,引领着全世界非线性有限元技术的发展。ABAQUS 软件现已被全球工业界广泛接受,并拥有世界最大的非线性力学用户群,是国际上最先进的大型通用非线性有限元分析软件。

ABAQUS 有两个主要分析模块,其中 ABAQUS/Standard 提供了通用的分析能力,如应力和变形、热交换、质量传递等;ABAQUS/Explicit 应用对时间进行显示积分求解,为处理复杂接触问题提供了有力的工具,适合分析短暂、瞬时的动态事件,但对爆炸与冲击过程的模拟能力不如 DYTRAN 和 LS-DYNA3D。

4. ADINA 软件

ADINA 软件出现于 20 世纪 70 年代,是一款基于力学的计算软件。它只有基本的计算功能,没有前后处理的功能。用它算题必须自己手工建模,现在看来这些实在是太落后了,但是,重要的一点是它有源代码。有了源代码,就可以对程序进行改造,从而满足特殊的需求。其实国内对 ADINA 的改造还是很多的,比如将等带宽存储改为变带宽存储,将元素库从整个程序中分离出来,可以有选择地将元素编译连接到程序中。还有的在程序中加入了自己的材料本构关系,也有在元素库中加进了新的单元等。经过这些改进,程序的功能得到了扩展,效率也得到了提高,更重要的是在一定程度上可以拥有自己的知识产权。

5. ANSYS 和 NASTRAN 软件

ANSYS 软件在铁道、建筑和压力容器方面应用较多。目前,ANSYS 已开发了很多版本,但它们核心的计算部分变化并不大,只是模块越来越多。比如 5.1 版本没有 LS-DYNA 和 CAD 软件的接口,到了 5.6 版本增加了疲劳模块等。

NASTRAN 最早是在 windows 2.0 中运行的,NASTRAN v68 集成在 femap5 里。NASTRAN 的求解器效率比 ANSYS 高一些。有一个算例可以说明,二万多个节点,D 版的 ANSYS 56 建模,用 femap7.0 转成 NASTRAN 的 dat 文件,静力计算及前 5 阶的线性频率,结果 ANSYS 56 在 PIII450 上所用的时间和 D 版的 NASTRAN 707 在赛扬 400 上用的时间相当,内存都是 128 M,其中全部选项都是默认的,NASTRAN 用子空间迭代法求频率,ANSYS 与 NASTRAN 计算的结果差别并不大。

3.1.2 有限元分析软件发展趋势

从发展的角度来看,国际上的数值模拟软件展现出以下一些趋势特征。

1. 由二维扩展为三维

早期,计算机的能力极为有限,受计算费用和计算机存储能力的限制,数值模拟程序大多为一维或二维,只能计算诸如垂直碰撞或球形爆炸等特定问题。随着第三代、第四代计算机的诞生,才开始研制和发展更多的三维计算程序。当下,计算程序一般都由二维扩展成了三维,如 LS-DYNA2D 和 LS-DYNA3D,AUTODYN2D 和 AUTODYN3D,但也有完全在三维基础上开发而成的,如 MSC.DYTRAN,就没有二维功能。

2. 从单纯的结构力学计算发展到求解许多物理场问题

数值模拟分析方法最早是从结构化矩阵分析发展而来的,逐步推广到板、壳和实体等连续体固体力学分析,实践证明这是一种非常有效的数值分析方法。近年来数值模拟分析方法已发展到流体力学、温度场、电传导、磁场、渗流和声场等问题的求解计算,最近又发展到求解几个交叉学科的问题。例如室内爆炸时,空气冲击波使墙、板、柱产生变形,而墙、板、柱的变形又反过来影响到空气冲击波的传播。这就需要用固体力学和流体动力学的数值分析结果交叉迭代求解,即"流-固耦合"的问题。

3. 从单一坐标体系发展到多种坐标体系

数值模拟软件在开始阶段一般采用单一坐标,或采用拉格朗日坐标、欧拉坐标,由于这两种坐标自身的缺陷,计算分析问题的范围都有很大的限制。为克服这种缺陷,采用了三种方法,一是两个程序简单组合,如 CTH - EPIC,爆炸与侵彻由不同的程序分开计算;二是在同一程序中采用多种坐标体系,如 DYNA3D 中早期采用的是拉格朗日坐标,而 LS-DYNA3D 的最新版本除原有类型外,新增加了欧拉方法以及拉格朗日与欧拉耦合方法,而最近几年才发展的 DYTRAN 则是拉格朗日型的 LS-DYNA3D(1988 版)与欧拉型的 PISCES 的整合体;三是采用新的计算方法,如 SPH 等,SPH 法不用网格,所以不存在网格畸变问题,能在拉格朗日格式下处理大变形的问题。同时,SPH 法允许存在材料界面,可以简单而精确地实现复杂的本构行为,也适用于材料在高加载速率下的断裂等问题的研究。

4. 由求解线性工程问题进展到分析非线性问题

随着科学技术的发展,线性理论已经远远不能满足设计的要求。诸如岩石、土壤、混凝土等,仅靠线性计算理论不足以解决遇到的问题,只有采用非线性数值算法才能解决。众所周知,非线性的数值计算是很复杂的,它涉及很多专门的数学问题和运算技巧,很难为一般工程技术人员所掌握。为此,近年来国外一些公司花费了大量的人力和投资,开发了诸如LS-DYNA3D、ABAQUS 和 AUTODYN 等专长于求解非线性问题的有限元分析软件,并广泛应用于工程实践。这些软件的共同特点是具有高效的非线性求解器以及丰富和实用的非线性材料库。

5. 增强可视化的前置建模和后置数据处理功能

早期数值模拟计算软件的研究重点在于推导新的高效率求解方法和高精度的单元。随着数值分析方法的逐步完善,尤其是计算机运算速度的飞速发展,整个计算系统用于求解运算的时间越来越短,而数据准备和运算结果的表现问题却日益突出。在现在的工程工作站上,求解一个包含 10 万个方程的有限元模型只需要用几十分钟。但如果用手工方式来建立这个模型,然后再处理大量的计算结果则需用几周的时间。可以毫不夸张地说,工程师在分析计算一个工程问题时有 80% 以上的精力都花在数据准备和结果分析上。因此目前几乎所有的商业化数值模拟程序系统都有功能很强的前置建模和后置数据处理模块。在强调"可视化"的今天,很多程序都建立了对用户非常友好的图形用户界面(graphics user interface,GUI),使用户能以可视图形方式直观快速地进行网格自动划分,生成有限元分析所需数据,并按要求将大量的计算结果整理成变形图、等值分布图,便于极值搜索和所需数据的列表输出。

6. 与 CAD 软件的无缝集成

与通用 CAD 软件的集成使用,即在用 CAD 软件完成结构设计后,自动生成有限元网格并进行计算,如果分析的结果不符合设计要求则重新进行构造和计算,直到满意为止,从而极大地提高了设计水平和效率。工程师可以在集成的 CAD 和数值模拟软件环境中快捷地解决复杂工程分析问题。所以,当今所有的商业化有限元系统商都开发了和 CAD 软件(例如 AutoCAD、Pro/ENGINEER、Unigraphics、SolidEdge、SolidWorks、IDEAS 等)的接口。

7. 工作平台多样化

早期的数值分析软件基本上都是在大中型计算机上开发和运行的,后来又发展到在工程工作站(engineering work station,EWS)上。它们的共同特点都是采用 UNIX 操作系统。PC 的出现使计算机的应用发生了根本性的变化,工程师渴望在办公桌上完成复杂工程分析的梦想成为现实。但是早期的 PC 采用 16 位 CPU 和 DOS 操作系统,内存中的公共数据块受到限制,因此当时计算模型的规模不能超过 1 万阶方程。Microsoft Windows 操作系统和32 位的 Intel Pentium 处理器的推出,为 PC 用于有限元分析提供了必需的软件和硬件支撑平台。因此当前国际上著名的有限元程序研究和发展机构都纷纷将软件移植到 Windows平台上。目前,高档 PC 的求解能力已和中低档的 EWS 不相上下。

为了将在大中型计算机和 EWS 上开发的有限元程序移植到 PC 上,常常需要采用蜂鸟(Hummingbird)公司的一个仿真软件 Exceed。这样做的结果比较麻烦,而且不能充分利用PC 的软硬件资源。所以有些公司,例如 ANSYS、MSC. software 等开始在 Windows 平台上开发有限元程序,大多采用了 OpenGL 图形编程软件,同时还有在 PC 上的 Linux 操作系统环境中开发的有限元程序包。

8. 软件开发强强联合

数值软件的开发是一项长期而又艰巨的任务,所以开发一个通用软件是十分困难的,各家开发的软件由于应用背景的不同而各有千秋,随着数值模拟软件商业化的进展,各数值模拟软件公司为扩大市场,追求共同的利润,出现了强强联合的局面。典型的如 ANSYS 与 LS-DYNA 联合,MSC 软件公司对 LS-DYTRAN 及 PISCES 等的购买。

3.1.3　MSC. Patran/Nastran 软件的基础知识

MSC 软件公司是世界领先的有限元分析和计算机仿真预测应用软件供应商,其所能提供的产品从专为设计工程师校核设计概念而开发的桌面级设计工具,到可以完成各类大型复杂工程分析的企业级软件平台。产品的应用范围非常广泛,包括航空、航天、汽车、船舶、电子、核能等,涉及内容包括结构设计、静态分析、动态分析、热传导分析、疲劳、运动模拟等。它为船舶与海洋工程领域提供了世界最大的工程校验与 CAE 仿真分析平台。世界各大船级社都在使用 MSC. Patran/Nastran 和基于其二次开发的产品对船舶结构进行直接强度计算。其中日本 Class NK,早在 70 年代就引进 MSC. Nastran 作为船体结构分析的核心求解器。1989 年 Class NK 启动了一个按 NK 规范和直接强度计算指南,能够在一周内快速完成船体结构有限元分析的高级船体结构分析支持系统 NASTASS。这套系统由于具备参数化建模和革命性的自动识别结构部件位置和链接关系的结构编辑定位技术,加上 Nastran 快速可靠的分析,成为非常先进和高效的船体结构分析支持系统。

MSC. Patran 是工业领域最著名的并行框架式有限元前后处理及分析系统,其开放式、多功能的体系结构可将工程设计、工程分析、结果评估、用户化身和交互图形界面集于一身,构成一个完整的 CAE 集成环境。使用 MSC. Patran,用户可以利用 CAD 部件产生有限元模型,提交这些模型,并且进行可视化仿真。MSC. Patran 支持所有领先的 CAD 软件和分析软件。因为几乎所有的 MSC 分析软件(如 Nastran、Marc、Patran、Dytran、Fatigue 等)和大部分著名的商用分析软件(如 Ansys、Abaqus 等)都可以在 Patran 中建模分析,所以使用好 Patran 会为有限元分析的前、后置处理打下坚实的基础。

MSC. Patran 作为一个优秀的前、后置处理器,具有高度的集成能力和良好的适用性,它的功能优势体现在:

(1) 模型处理智能化。MSC. Patran 应用了直接几何访问技术(DGA),能够使用户直接从 CAD/CAM 系统中获取几何模型、参数和特征。此外,MSC. Patran 还提供了完善的独立几何建模和编辑工具,以使用户更灵活地完成模型准备。MSC. Patran 允许用户直接在几何模型上设定载荷、边界条件、材料和单元属性,并将这些信息自动转换成相关的有限元信息,以最大限度地减少设计过程的时间消耗。

(2) 自动有限元建模。MSC. Patran 提供了自动网格及工业界最先进的映射网格划分功能,使用户快速完成工程师想做的工作。同时也提供手动和其他有限元建模方法,以满足不同的需求。

(3) 分析的集成。MSC. Patran 提供了众多的软件接口,将世界上大部分著名的不同类型分析软件和技术集于一体,为用户提供一个公共的环境。解决了不同软件之间的兼容问题,在其他软件中建立的模型在 MSC. Patran 中仍然可以正常使用。能够针对多种类型的仿真结果对产品的整体设计给出正确的判断,进行相应的改进。

(4) 数据库兼容技术。用户可将 MSC. Patran 作为自己的前、后置处理器,并利用 PCL 语言和编程函数库把自行开发的应用程序和功能及针对特殊要求开发的内容直接嵌入 MSC. Patran 的框架系统,或单独使用或与其他系统联合使用,方便用户自己编写数据进行二次开发,提高工作效率。

(5) 可视化操作系统。MSC. Patran 丰富的结果后处理功能可使用户直观地显示所有的分析结果,能提供图、表、文本、动态模拟等多种结果形式,形象逼真,准确可靠。

(6) 模块化功能选项齐全。MSC. Patran 模块化包括:基本分析模块(含静力、模态、屈曲、热应力、流固耦合及数据库管理等),动力学分析模块,热传导模块,非线性分析模块,设计灵敏度分析及优化模块,超单元分析模块,气动弹性分析模块,DMAP 用户开发工具模块及高级对称分析模块。

(7) 梁、板和壳单元技术完美,在船体结构分析中尤其适用。

(8) 流体-结构耦合算法独特而强大,可用于分析噪声和声学问题,对于船舶与破浪的相互作用可用水弹性流体单元分析法分析。对于船舶与流体相互作用模拟可用虚质量法分析。

(9) 拥有船舶结构和轮机设备减重设计的理想工具。MSC. Nastran 的设计灵敏度和优化分析功能是基于静力、模态、屈曲、瞬态响应、频率响应、气动弹性和颤振进行分析的,它的优化分析既可以完成拓扑优化,又可以用于优化详细设计的构件形状和尺寸。

(10) DMAP 语言作为 MSC. Nastran 的开发工具,用户可以通过它编写用户定制化的程序来操作数据库流程。例如,通过 DMPA 语言将船的虚拟质量添加到 MSC. Nastran 中。

3.2 Patran 软件的基本操作

3.2.1 Patran 软件的启动和文件的建立

按照软件的安装要求,安装 MSC. Patran/Nastran 软件后,在桌面上将看到如图 3.1 所示的两个图标,其中,数字 2012 表示版本号。双击 MSC. Patran 图标,即可启动该软件。

图 3.1 MSC 软件的桌面图标

软件打开后,界面如图 3.2 所示。

一般可以单击第一行 File 项,出现下拉菜单,然后可以选择 New……,新建一个文件,或者 Open……打开一个已有文件,如图 3.3 所示。单击第二行的" "图标,新建或打开一个文件。若新建文件,则会弹出如图 3.4 所示的对话框,要求输入文件名,代替其中的" * "。

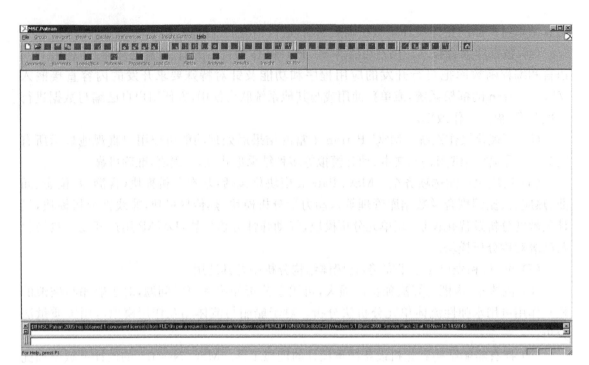

图 3.2　MSC. Patran 软件运行界面

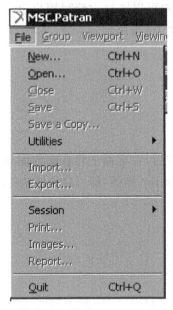

图 3.3　新建或打开文件

图 3.4　新建文件对话框

3.2.2　Patran 软件的界面

在文件新建后,软件的菜单项均被激活,整个 Patran 界面分为四个区域:菜单和工具栏区、操作面板区、图形编辑区、信息显示和命令行输入区,如图3.5所示。下面分别对这几个区域进行介绍。

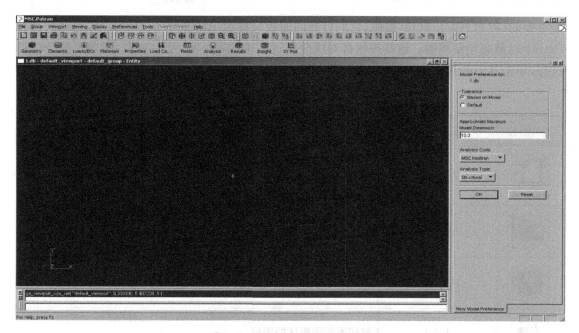

图 3.5　Patran 软件运行界面图

图 3.6　Patran 软件工具栏区

1. 菜单和工具栏区

Patran 的界面设有一行菜单和两行工具栏。

File 菜单主要用于 Patran 数据库文件的打开/关闭,同时也用于从其他 CAD 系统输入模型。

Group 菜单主要用于组的操作,组是 Patran 中一个比较重要的概念,类似于其他 CAD 系统中的"层",通过将模型的各部分分组,使操作变得非常方便。

Viewport 菜单用于视窗的设置。

Viewing 菜单用于图形显示设置,其中也包括工具栏中一些工具的功能。

Display 菜单用于设置各种元素的显示方式。

Preferences 菜单用于选择解算器、定制用户自己的环境等操作。

Tools 菜单中提供了许多非常有用的工具。

Insight Control 菜单只有在 Insight 面板被打开的时候才能激活,用来对 Insight 面板中的行为进行控制。

Help 菜单为使用者提供在线帮助。

在工具栏中各工具的功能如表 3.1 所示。在界面中的这些工具,都是在平时使用中经常要用的,有些用于视图控制,有些用于显示方式控制,而以 Geometry 开头的第二行工具是最重要的(称为 Application 按钮,它们打开的面板又称为 Application Widget),是每次运行 Patran 时都必须使用的。这些按钮都对应分析过程中的某一步,从左到右,覆盖了整个分析过程,单击其中的某个按钮,就会在屏幕右侧出现相应的面板。

表 3.1　Pattran 工具栏中各工具功能列表

工具图标	工具名称	功　能　介　绍
	File New	建立一个新的 Patran 数据库文件
	File Open	打开一个已经存在的 Patran 数据库文件
	File Save	保存一个正在编辑的模型到一个数据库文件
	Print	打印当前编辑区的图形
	Copy to Clipboard	将选定的内容复制到剪贴板
	Undo	取消上一次操作
	Abort	终止当前正在运行的工作,例如正在进行网格划分,单击该工具,可停止网格划分
	Reset graphics	显示设置复位
	Refresh graphics	刷新当前屏幕内容
	Mouse rotate XY	中键操作(本工具和下面三个工具都是针对三键鼠标的),选中该工具,可用鼠标中键在编辑区内托动模型沿任意轴转动

应该指出的是,这些工具在界面上是可以移动的,它们与 Windows 在其他程序界面上的工具按钮一样,可以由用户拖动来放置在自己喜欢的位置。用户也可以定制自己喜欢的快捷方式,将其做成工具按钮,添加到界面上。

2. 操作面板区

由工具按钮和菜单项打开的各种面板一般都显示在 Patran 界面的右侧,即操作面板区,大部分的具体功能实现都是在这些面板中完成的。在大多数情况下,用户是利用这种对话框式的面板实现与机器的交互,完成各种功能。除了进行几何建模,建立有限元模型的各种操作及进行各种系统设置都要用到类似的面板。

3. 图形编辑区

图形编辑区如图 3.7 所示,主要用来显示模型,用户可以在该区域用鼠标对模型进行操作。编辑区的标题栏显示了当前操作的数据库的名称等信息,其右侧是鼠标选择过滤器(选择)。

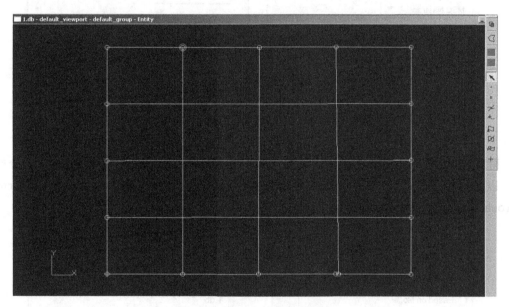

图 3.7　Patran 的图形编辑区

4. 信息显示和命令行输入区

如图 3.8 所示,Patran 的所有行为都会在信息显示窗口显示出来,例如,Patran 执行了哪些 PCL 命令、系统进行了哪些设置、错误信息等都会显示出来。如果对系统非常熟悉的话,用户也可在命令行输入区直接输入 PCL 命令来执行。

图 3.8　Patran 的信息显示和命令行

打开新建文件后,操作栏如图 3.9 所示,要求对以后所建模型的精度进行设置,若是选中 Based on Model,可以设置 Model Dimension,其值显示的是百分比值,且为相对误差值,比如填 10,则是 10% 的精度,一般填 0.05,如图 3.9 所示。若是选中 Default,则是默认值为 0.005,表示为绝对误差值,如图 3.10 所示。

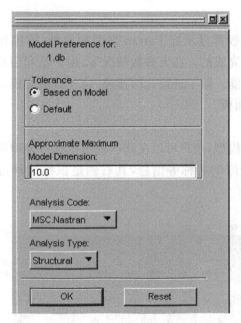 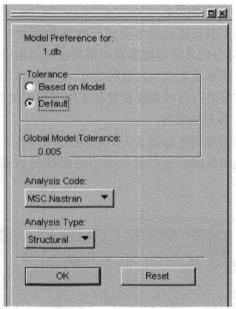

图 3.9　建模精度设置 1　　　　　　　图 3.10　建模精度设置 2

除此之外,软件还要求在开始建模前选择分析的代码和类型,如图 3.11 所示。分析代码可以选择如 ABAQUS, ANSYS 5 等解算器;分析类型则可以选择 Structural,Thermal, Aeroelasticity,Explicit Nonlinear 四种。

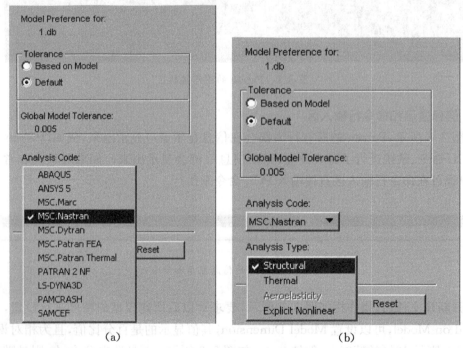

(a)　　　　　　　　　　　　　　　　　(b)

图 3.11　分析的代码和类型
(a) 分析代码设置;(b) 分析类型设置

3.2.3 与 MSC. Patran 和 MSC. Nastran 相关的主要文件

在 Patran 和 Nastran 运行时,会生成许多文件,主要包括. db,. db. bkup,. bdf,. op2,. xdb,. f04,. f06,Patran. ses. * *,. jou,还有一些中间的临时文件,在运行结束时会被自动删除,下面对这些主要文件作简要说明。

(1). db 文件是 MSC. Patran 的数据库文件,用于保存各种几何信息和有限元模型的信息,它是 MSC. Patran 中最基本的文件。

(2). db. bkup 文件是. db 文件的备份文件。

(3). bdf 文件是由 MSC. Patran 生成的,供 MSC. Nastran 读取的文件,其中保存了 MSC. Patran 中所建立的有限元模型的所有信息。MSC. Nastran 就是根据. bdf 文件来进行运算的。. bdf 文件可以用诸如 vi 和 notepad 等文本编辑器打开。

(4). op2 文件和. xdb 文件是 MSC. Nastran 计算结果输出文件,由 MSC. Patran 来读取并进行后置处理。MSC. Patran 根据. op2 或. xdb 文件的内容以图形或动画等形式将结果显示出来。选用. op2 还是. xdb 作为 MSC. Nastran 的输出文件,可以在 MSC. Patran 中进行控制。

(5). f04 文件是系统信息统计文件,可以用文本编辑器打开,其记录了本次分析中的系统信息,比如占用系统内存、硬盘、CPU 时间等情况,以及创建了哪些文件、每项工作的时间等情况。

(6). f06 文件是分析运算过程记录文件,其中记录了许多非常有用信息:有限元单元的各种信息,包括单元类型、节点坐标、载荷情况、约束情况;计算结果信息,包括最大应力、最大位移等;警告、出错信息,警告和出错信息都以错误号(数字)的形式给出,用户可以查阅 MSC 的用户手册,从而找出出现错误的原因,加以改正。

(7) patran. ses. * * 文件是对话文件,其记录了本次从 Patran 打开到退出期间所有的对话过程,"* *"表示两位数字,由系统自动赋予。

(8). jou 文件是日志文件,记录了用户在数据库中的所有操作,利用日志文件可以重建模型,即是原来创建的数据库文件丢失。

使用时,先由 Patran 生成. db 文件,再生成. bdf 文件,Nastran 读取文件并进行计算,输出. op2/. xdb 文件,然后再由 Patran 读进来,将计算结果显示出来。

此外,还有一个 settings. pcl 文件,其也是一个可编辑的文本文件,MSC. Patran 启动时,会根据该文件内容来设置当前的环境变量,所以,用户可根据自己的爱好编辑 settings. pcl,定制自己喜欢的 MSC. Patran。

3.3 结构分析模型的建立

3.3.1 几何模型的建立

在建立几何模型前,需要对有限元软件的一般使用流程有个总体的认识,有限元软件的分析步骤如图 3.12 所示。

① 建立几何模型

↓

② 建立有限元分析模型

↓

③ 赋予材料属性和物理属性

↓

④ 提交分析

↓

⑤ 结果的后处理

图 3.12 有限元软件的一般分析步骤

1. 有限元分析软件的使用流程

由上面分析流程可知,有限元分析首先应建立几何模型,或者从其他 CAD 软件中直接读入,再利用 Geometry 面板中的功能,对读入的模型进行编辑修改。例如,大型有限元分析软件可直接读入 CATIA 的模型。几何对象将以图形的形式显示在编辑区中。

2. Geometry 介绍

单击工具栏中图标 后,出现如图 3.13 所示的对话框。

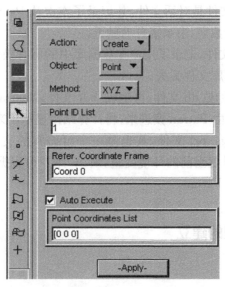

图 3.13 几何模型对话框

左侧浮动操作栏是对数据进行筛选或过滤的工具。图 3.13 所示为 Patran 中的

Application Widget 面板。该面板是建模、分析和后处理的主要工具,在 Application Widget 面板的上部,大多有三项:Action、Object 和 Method(或 Type),分别对应三个下拉式按钮菜单,这三项非常类似于语言中的"动词""宾语"和"状语",在 Action 中说明要施行哪种动作,在 Object 中说明动作的对象,而在 Method(或 Type)中则说明动作的执行用哪种(方式),三者结合起来,再辅以其他的设定和输入,即可完成一项复杂的操作。

在单击图标 Geometry 打开的 Application Widget 面板中,可以创建各种几何元素,建立几何模型,同时可以对几何模型进行编辑修改,以满足建立有限元模型的要求。在 Patran 中的几何元素包括点(Point)、曲线(Curve,包括直线段)、曲面(Surface,包括有界平面)、实体(Solid),另外,平面(Plane,几何上无边界限制的平面,一般只用作辅助功能)、矢量、用户坐标系也在此处理。由于几何操作内容繁多,受本书篇幅所限,仅就船舶结构分析中常用的部分内容,作简要的介绍。

1) 创建点

单击选项卡 Method　XYZ 图标后,出现如图 3.14 所示对话框,在点的创建命令中,各菜单键的含义如表 3.2 所示。

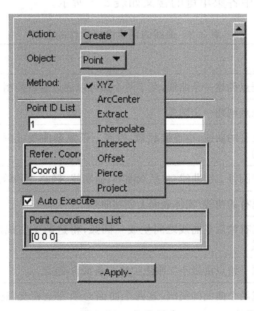

图 3.14　点的创建

表 3.2　点的创建命令操作的含义

序号	菜单键	含义	备注
1	XYZ	三坐标,根据输入点的三个坐标值来建立点	每创建一个点,Patran 都会赋予一个标号
2	ArcCenter	根据已有圆弧建立点,新建点是已有圆弧的圆心	选择圆弧,即可创建该点

（续表）

序号	菜单键	含义	备注
3	Extract	在已有的一组曲线上生成点,可在任意位置生成	曲线也包括曲面的边和实体的边
4	Interpolate	在已有两点之间/已有曲线上同时创建多个点	可以通过参数控制
5	Intersect	在两个元素的交点上创建一个点	元素是曲线、曲面、平面、矢量中的一个
6	Offset	该方法也是在已有曲线上创建点	所给的偏移量必须小于曲线本身的长度
7	Pierce	创建一个点,该点是一条曲线与一个曲面的交点	如果交点不止一个,则会在每个相交处创建
8	Project	将一组已有的点按照给定的方向投影到曲线上、从而创建新的点	

2) 创建曲线

单击图标  Object Curve ▼ ,打开选项卡图标  Method Point ▼ 后,出现如图 3.15 所示的对话框,曲线的创建命令中各菜单键的含义如表 3.3 所示。

表 3.3 曲线的创建命令操作的含义

序号	菜单键	含义
1	Point	根据点创建一条曲线,多于两个点可以通过参数控制
2	Arc3Point	用三点创建一个圆弧
3	Chain	将已有的曲线、边连接起来,构成一条复杂曲线,这些已有的曲线应该是首尾相连的
4	Conic	建立圆锥二次曲线,包括双曲线、抛物线、椭圆、圆弧等,可以根据需要选择参数点
5	Extract	在已有的曲线/实体表面上创建曲线
6	Fillet	在已有的两条曲线之间生成一圆弧,将这两条曲线连接起来,同时可裁剪原有曲线
7	Fit	根据一组点由最小二乘法生成一条拟合曲线
8	Intersect	生成两个曲面的交线,这两个曲面必须完全相交,这里的曲面也包括无界平面(Plane)
9	Manifold	根据曲面上的点直接在曲面上生成曲线
10	Normal	过一点生成一垂直于某曲线的直线
11	Offset	通过类似于平移的方法生成曲线
12	Project	通过指定的方向将曲线向曲面投影,从而创建新的曲线
13	PWL	一次绘出多条直线,选择多个点,依次建立直线
14	Spline	过多点创建一条曲线/根据多点拟合一条直线

（续表）

序号	菜单键	含　　义
15	TanCurve	过两曲线作一切线
16	TanPoint	过一点向一曲线作切线
17	XYZ	根据给定的矢量方向和原点创建一条直线
18	Involute	创建一条渐开线曲线，并可以用 Option 选项参考
19	Revolve	通过点绕轴线的旋转生成曲线
20	2D Normal	过一点向一曲线作垂线，而垂线的长度可以指定，也可以根据两点之间的距离计算。垂线以垂足为起点
21	2D Circle	以指定点为圆心，给定长度为半径，在给定的平面内，创建一平面圆
22	2D ArcAngles	以指定点为圆心，给定长度为半径，在指定的平面内，根据起始角度和终止角度创建一平面圆弧曲线
23	2D Arc2Point	在给定平面内，根据指定的三点绘制圆，即圆心、起点、终点，或者根据指定的半径、起始点坐标绘制圆
24	2D Arc3Point	根据给定的三点绘制圆弧，即起点、中间点、终点

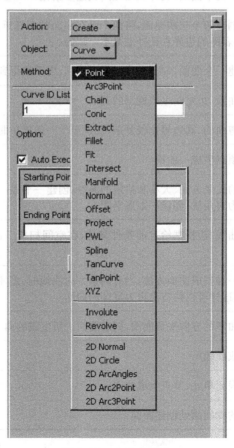

图 3.15　曲线的创建

3) 创建曲面

单击图标  Object [Surface ▼]，打开选项卡图标  Method: [Curve ▼] 后，出现如图 3.16 所示的对话框，曲面的创建命令中各菜单键的含义如表 3.4 所示。

表 3.4　曲面的创建命令操作的含义

序号	菜单键	含　　义
1	Curve	根据已有的曲线创建曲面。可以根据已有的两条、三条、四条、多条曲线生成曲面，可在 Option 选项中选择根据几条曲线创建曲面。这些曲线可以是共面的，也可以是空间的
2	Composite	根据已有的曲面创建新的复杂曲线。如果现有的曲面过多、过于细碎，则在划分网格时可能会出现问题
3	Decompose	根据已有曲面的 4 个顶点创建一个四边形，这样做主要是出于划分有限元网格的需要
4	Edge	选择已有曲面的边(3 条或 4 条)创建新的曲面
5	Extract	在一个实体内部或表面创建一个曲面
6	Fillet	在已有的两个曲面、实体表面之间创建参数化二次过渡曲面。已有的曲面不必相交
7	Match	该方法创建两个三次曲面，将两个已有曲面的相邻近的边连接起来，已有的两个曲面/实体表面的边界在拓扑上是不一致的
8	Offset	平移创建一个曲面，即通过将一平面复制，再平移得到一个新的曲面
9	Ruled	在两条曲线/边之间生成规则的曲面
10	Trimmed	创建裁剪曲面，其边界比较复杂，创建至少一条复杂曲线作为裁剪曲面的外环
11	Vertex	由 4 个顶点生成一曲面
12	XYZ	以给定的矢量方向、大小和给定的原点，创建一平面。即从给定的原点出发，以给定的矢量为对角线，创建一矩形平面
13	Extrude	一条基曲线/边根据给定的条件移动，在空间扫成一曲面，这种方法也可用于实体造型
14	Glide	这也是一种扫成曲面方法，当有两条方向曲线时，就不需要对曲线的运动自由度加以限制，这样可以构造出更为复杂的曲面
15	Normal	沿曲线曲率的方向平移曲线，扫成曲面。所生成的曲面的宽度是可变的
16	Revolve	旋转生成曲线
17	Mesh	根据有限元单元、节点生成曲面
18	Midsurface	在实体的中间面处创建曲面

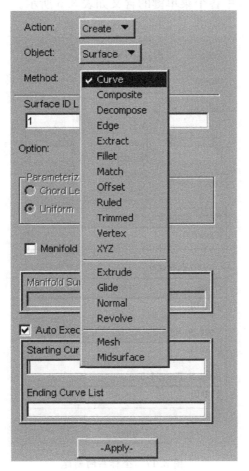

图 3.16　曲面的创建

　　由于船体结构都是薄壁结构,在分析的时候很少用到立体结构建模,所以这里对立体的几何模型不予介绍。

　　4) 建立自己的坐标系

　　一般情况下,Patran 中只有一个直角坐标系,标号为"0",用户通常使用的就是这个坐标系。各坐标系分量之间的对应关系和数字标号如表 3.5 所示。

表 3.5　各坐标系分量之间的对应关系和数字标号

数字标号	1	2	3
直角坐标分量	X	Y	Z
柱坐标分量	R	T	Z
球坐标分量	R	T	Q

　　单击图标 Object: Coord ▼ ,打开选项卡图标 Method: 3Point ▼ 后,出现如图 3.17 所示的

对话框,坐标系的创建命令中各个菜单键的含义如表3.6所示。

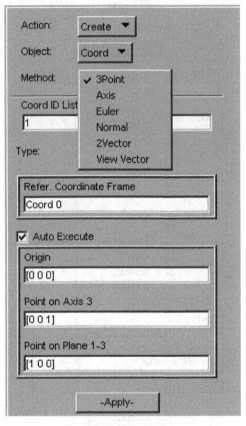

图 3.17　坐标系的创建

表 3.6　坐标系的创建命令操作的含义

序号	菜单键	含　义
1	3Point	根据给定的 3 个点创建坐标系
2	Axis	根据给定的原点和两个轴创建坐标系
3	Euler	将原有坐标通过 3 次旋转生成新的坐标系
4	Normal	以曲面为参考创建坐标系
5	2Vector	根据两个矢量创建坐标系
6	View Vector	以当前视野平面为 1~2 平面创建坐标系

5) 建立平面和矢量

几何体的种类繁多,建立各种几何体的方法不尽相同,但也有许多相同之处,这里以表格的形式给出创建平面和矢量的方法。(见图 3.18、表 3.7)

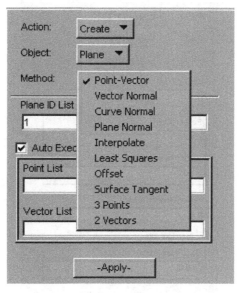

图 3.18　创建平面的方法

表 3.7　平面的创建命令操作的含义

序号	菜单键	含　义
1	Point-Vector	根据给定的点和矢量建立平面。所建平面经过给定的点,同时以给定的矢量为该平面的法线方向
2	Vector Normal	根据给定的矢量和偏移量建立平面。所建平面以给定的矢量为法线方向
3	Curve Normal	以给定的曲线切线方向为法线方向建立平面
4	Plane Normal	建立一平面使其过给定的矢量,并垂直于另一给定的平面
5	Interpolate	以给定曲线的切线方向为法线方向建立多个平面
6	Least Squares	根据给定的点、线、面建立平面
7	Offset	以给定 juice 平移或者复制一平面
8	Surface Tangent	与曲面相切建立平面
9	3Points	过不共线的 3 点创建一平面
10	2Vectors	平行于两矢量创建一平面,且该平面过第一个矢量,平面的法向矢量以前面两个矢量的空间交点为原点

通过矢量能够非常清楚地定义几何之间的关系,使得复杂的问题能够被简单地描述出来,反过来,在创建复杂几何体时矢量也是非常有用的。

单击图标 Object: Vector ▼ ,打开选项卡图标 Method: Magnitude ▼ 后,出现如图 3.19 所示的对话框,在曲线的创建命令中,各菜单键的含义如表 3.8 所示。

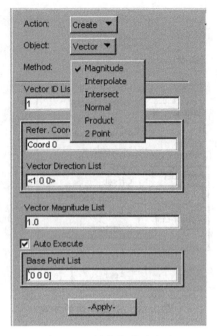

图 3.19　创建矢量的方法

表 3.8　矢量的创建命令操作的含义

序号	菜单键	含　义
1	Magnitude	通过指定大小、方向和基点创建矢量
2	Interpolate	类似于在曲线上创建平面,在曲线上创建多个矢量,其方向与曲线的切线平行
3	Intersect	根据给定的两平面的交线创建一矢量。矢量参考平面的基点在交线上的投影确定了该矢量的基点和大小
4	Normal	以给定点为基点创建一个矢量,给矢量垂直于另一给定的面,这里的面包括平面、曲面或单元面
5	Product	根据给定的两个矢量来创建一个矢量,该矢量是参考矢量的乘积,其基点是第一个参考矢量的基点
6	2Point	根据两点创建一个矢量

3.3.2　几何模型的编辑

创建几何元素是创建几何模型中最基本的部分,根据需要,还要对各种基本元素进行编辑修改,使其满足实际几何模型的要求。Patran 中有丰富的几何编辑功能,能够满足建立复杂几何模型的需要。

除此之外,还有一些经常要用到的几何操作方法,如复制、镜像、显示几何信息等,都是非常重要的。可以根据上一节所叙述的思路,按照菜单要求和实际需要进行操作。

3.3.3　有限元模型的建立

划分网格是建立有限元模型时非常重要的一个步骤,分析软件划分网格的能力和质量直接关系分析结果的正确性和准确性。Patran 具有良好的网格划分能力,能够完成各种复杂几何的网格划分。

Patran 中的有限元单元具有几何相关性。相关是指施加到几何上的属性等同于施加到有限元单元上,而施加到有限元单元的属性也等同于施加到几何属性上。根据几何属性可以找到其单元,根据单元也能找到其所在的几何属性,这给模型处理带来了许多方便。

1. 单元介绍

Patran 提供了较为丰富的单元库,在船舶结构中常用的有梁/杆单元(Beam/Bar),梁/杆单元均为 2 个节点的拓扑形式。从几何表达上讲,梁和杆是没有区别的,都用线来表示,但从物理特性上来讲,两者是有区别的。三角形单元(Tri)有 3 个节点,适用于曲面的网格划分。四边形单元(Quad)相对来说,精确度要高于三角形单元,适合在船舶结构中广泛使用。

2. 有限元网格的自动生成

1)自动网格生成器的分类及其使用范围

Patran 中的网格生成器共有三个:IsoMesh、Paver、TetMesh,它们有不同的特点和不同的适用范围。其中,IsoMesh 应用最为广泛。IsoMesh 可用于曲线、曲面和实体的网格划分,可以使用的单元类型有三角形、四边形、四面体、五面体和六面体,通过制定划分参数,可以对网格的划分进行严格的控制,甚至可以精确地控制每个节点的位置。但是,该划分器只适用于简单的、规则的几何属性。Paver 可用于划分任意曲面,自动以三角形和四边形划分网格,此时,对网格划分的控制不如 IsonMesh 强,可用 Mesh Seed 和 Global Length 来控制网格的密度,能识别曲面上的硬点、硬线。适合于复杂的曲面网格划分。TetMesh 能对任何实体用四面体进行网格划分。

2)网格疏密的控制

对于不同的工程精度要求,以及同一项目的不同设计阶段,在实际应用中对分析结果的精确度要求是不同的。下面介绍控制网格的疏密的不同的方法,控制网格疏密的方法主要有四种:Mesh Seed、Global Edge Length、Hard Geometry、Mesh Control,其中,Global Edge Length 的级别最低。Mesh Seed 的方法是最常用的方法,其功能强大,有 6 种创建方法,如图 3.20 和表 3.9 所示。

表 3.9　创建 Mesh Seed 的方法

序号	菜单	说　　明
1	Uniform	在指定的曲线、曲面/实体的边上,根据给定的长度或单元总数来等距地生成 Mesh Seed
2	One Way Bias	在指定的曲线、曲面/实体的边上,以长度等比递增或递减的方式,根据给定的单元总数和长度比,或根据曲线的实际长度和长度比生成 Mesh Seed

（续表）

序号	菜单	说　明
3	Two Way Bias	该方法类似于 One Way Bias，只是从曲线的两头开始，生成的 Mesh Seed 将按长度对称分布
4	Curv Based	在指定的曲线、曲面/实体的边上，由曲率控制生成 Mesh Seed
5	Tabular	在指定的曲线、曲面/实体的边上，根据表格描述的种子点的位置生成 Mesh Seed
6	PCL Function	在指定的曲线、曲线/实体的边上，根据 PCL 函数定义的位置生成 Mesh Seed

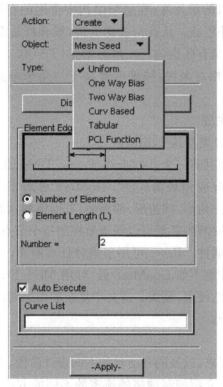

图 3.20　网格疏密的控制

3）网格自动生成的操作过程

如图 3.21 所示，对几何体自动划分网格的步骤如下：

（1）选择单元形状和拓扑形式，如 Quad。

（2）选择网格生成器，如 IsoMesh，指定网格划分参数。

（3）指定 Global Edge Length，进行网格密度控制。

（4）输入/选择相应的几何体。

（5）单击图标 -Apply- ，划分网格。

除了直接自动生成网格之外，也可以通过已有网格的操作生成新的网格，如移动、转动、镜像、拉伸、滑动等，可生成新的网格，甚至由低阶网格生成高阶网格。

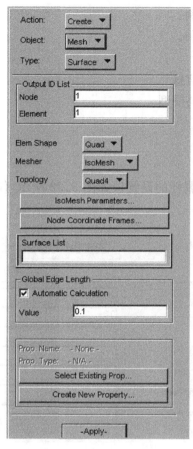

图 3.21 网格自动生成

3.3.4 材料属性和物理属性设置

1. 材料属性

材料是实际结构的承载体,任何实体都是由各种材料构成的。但是在分析过程中,则是通过模量、强度、本构关系等参数,以数值的形式来描述一种材料,并定义一种材料,因此材料也可以叫作材料模型。在通用有限元分析软件中,通过指定一个唯一独立的名称,并将各种属性赋予该名称来定义材料,对该材料模型的显示、修改、删除等都是通过其名称来进行的。

在通用有限元分析软件中支持多种材料本构关系的定义,例如线弹性本构关系、非线弹性本构关系、弹塑性本构关系、失效、蠕变等,一种材料可以有多种本构关系。但是对于不同的分析程序,各种本构关系的定义方法是不同的。

Patran 有限元分析软件中支持的材料类型也比较全,基本上涵盖了各工业领域的应用。例如各向同性材料、各向异性材料、正交各向异型材料、复合材料等。主要内容如下所述:

1) 创建材料模型

(1) 创建各向同性材料。

(2) 创建 2D 正交各向异性材料。

(3) 创建 3D 正交各向异性材料。

（4）创建 2D 各向异性材料。

（5）创建 3D 各向异性材料。

（6）创建复合材料。

2）显示创建的材料模型信息

3）修改及删除创建的材料模型

（1）修改材料属性。

（2）删除已定义的材料。

4）材料属性的设置

在船舶建模分析中，材料属性的设置项如图 3.22 所示，仅需要设置弹性模量和泊松比即可，同时注意保持单位的统一。

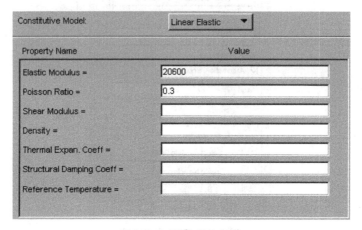

图 3.22 材料属性设置

2. 物理属性

一般的有限元分析软件为了提高自身的适应性，特意将网格的划分和单元物理特性的定义分开，网格划分完毕之后，只是确定了单元的空间拓扑关系，但是单元究竟代表实际结构中的什么物质，比如空间拓扑中的一个线单元，它是一根弹簧、一个阻尼器、还是一根梁，这根梁是工字钢还是角钢，这些都没有确定。

Properties 的作用，就是针对不同的单元根据实际情况赋予相应的物理特性，其主要功能如下：

（1）创建物理特性并施加于单元：①创建 0D 单元的物理特性；②创建 1D 单元的物理特性；③创建 2D 单元的物理特性；④创建 3D 单元的物理特性。

（2）显示物理特性。

（3）修改单元的物理特性。

（4）删除单元属性。

3.3.5 载荷和工况

1. 边界条件

边界条件是有限元分析中不可或缺的一部分，在网格划分完成之后，就可以施加边界条件了。大型有限元分析软件中的边界条件可以直接施加到有限元模型，也可以施加到几何模型上，只要几何模型与有限元模型存在关联即可。在大型有限元分析软件中，可以定义非常复杂的边界条件，比如随着时间和空间变化的边界条件，这一般要用场 Field 来定义。

选择不同的有限元分析解算器，Patran 有限元分析软件中对应的边界条件将有所不同，边界条件菜单项的主要功能：

（1）施加边界条件。

（2）显示及检查边界条件：以表格方式显示边界条件；以云纹图方式显示边界条件；以图符形式显示边界条件。

（3）修改及删除边界条件：修改边界条件，删除边界条件。

2. 工况

工况是对载荷和约束条件的分类和组合，是对同一模型在不同条件下的不同边界条件的模拟，由用户指定的唯一的名称独立标识，使用时，一般先在 Loads/BCs 中将所有可能的载荷和约束全部定义，然后，在 Load Case 中对载荷和约束进行组合以模拟不同的边界条件。

对于简单的模型，其工作情况只有一种，就不需要定义工况了，只需在 Loads/BCs 中定义即可，这些边界条件将自动添加到"DEFAULT"工况中。

3.3.6　进行分析

在有限元模型和载荷、约束条件均施加后，就可以提交计算器解算。解算后，仍然可以使用 Patran 进行后处理（见图 3.23）。

（a）　　　　　　　　　　　　（b）

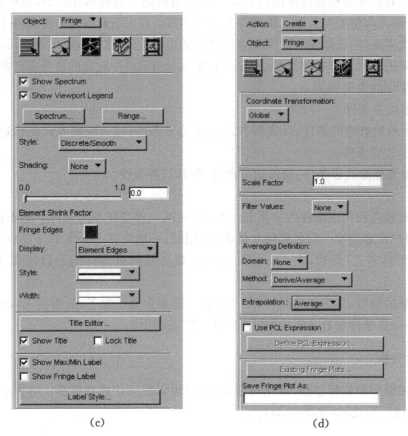

(c)　　　　　　　　　　　　(d)

图 3.23　Patran 后处理设置
(a) 后处理设置(1);(b) 后处理设置(2);(c) 后处理设置(3);(d) 后处理设置(4)

3.4 实例分析

3.4.1　梁单元实例分析

本例采用一维梁单元建立网格模型,为了实现角点载荷的效果,采用刚性元连接的方式,实现载荷施加的偏置。

1. 创建数据库模型

(1) 新建 Patran 空数据文件。单击菜单栏 File→New 选项,输入数据库文件名 cant_beam_1D. db,单击 OK 按钮。

(2) 在 New Model Preference 页面中确认 Tolerance = Default,Analysis Code = Nastran,Analysis Type=Structure,单击 OK 按钮退出页面。

2. 创建网格模型

(1) 单击工具栏上的 Geometry 按钮,打开如图 3.24 所示的 Geometry 页面,依次设置 Action=Create,Object=Curve,Type=XYZ。

（2）如图 3.24 所示，在页面中部的 Vector Coordinates List 文本框中输入＜５０ ０＞，单击 Apply 按钮生成线段。

（3）单击工具栏上的 Meshing 按钮，打开如图 3.25 所示的 Finite Elements 页面，依次设置 Action＝Create，Object＝Mesh，Type＝Curve，Topology＝Bar2。

（4）如图 3.25 所示，在 Curve List 文本框中勾选全部线段，在 Global Edge Lengt 的 Value 文本框中输入数值 0.5，单击 Apply 按钮，在图形区下面的信息栏中提示生成了 10 个单元。

（5）单击 Label Control 按钮 ，单击 Node 显示的按钮 ，图形区中显示节点编号。

（6）如图 3.26 所示的 Finite Elements 页面中，重新依次设置 Action＝Create，Object＝Node，Method＝Edit，在 Node Location List 文本框中输入［5，0.5，0.75］，单击 Apply 按钮生成节点。

图 3.24　Geometry 页面　　图 3.25　Finite Elements 页面 1　　图 3.26　Finite Elements 页面 2

（7）在如图 3.27 所示的 Finite Elements 页面中，重新依次设置 Action＝Create，Object＝MPC，Type＝RBE2。

(8) 如图 3.27 所示,单击 Define Terms... 按钮,打开 Define Terms 页面,选择 Create Dependent 选项,勾选取消 Auto Execute 选项,在 Node List 文本框中选择 Node 11,在 DOFs 列表中选择全部 6 个自由度,单击 Apply 按钮。

(9) 如图 3.28 所示,注意到选项转变到 Create Independent,在 Node List 文本框中选择 Node 12 单击"Apply"按钮,单击 Cancel 按钮退出页面。

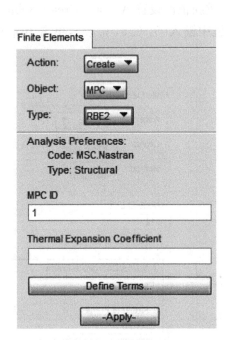

图 3.27 Finite Elements 页面 3

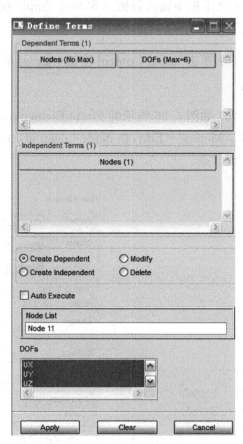

图 3.28 Define Terms 页面

3.4.2 板单元应用实例

1. 平板静力分析

为了简明起见,直接将各工具、选项、菜单等都列出来,各图标、按钮表示用鼠标单击各工具或按钮;"→"表示为选项赋值、选择,或者是选择菜单的菜单项;【 * * * * 】表示选择某个菜单。

1) 新建数据库文件

【File】→【New】,文件名→mode9-1,OK 。Analysis Code→MSC. Nastran,Analysis Type→Structural,OK 。

2) 创建几何 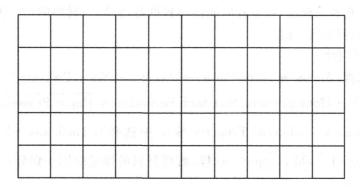 Geometry 模型

（1）创建几何点：Action→Create，Object→Point，Method→XYZ，Point 1→[0 0 0]，
Apply，Point 2→[100 0 0]，Apply，Point 3→[100 50 0]，Apply，Point 4→
[0 50 0]，Apply。

（2）创建曲线：Action→Create，Object→Curve，Method→Point，Option→2 Point，
Curve 1，Starting Point List→point 1，Ending Point List→point 2，Apply；Curve 2，Starting
Point List→point 3，Ending Point List→point 4，Apply。

（3）创建曲面：Action→Create，Object→Surface，Method→Curve，Option→2 Curve，
Auto Execute，Surface 1，Starting Curve List→Curve 1，Ending Curve List→Curve 2。

（4）删除用过的点和线：Action→Delete，Object→Point，Point List→point 1：4；
Action→Delete，Object→Curve，Curve List→curve 1 2，Apply。

3) 划分有限元网格

（1）建立网格种子：Action→Create，Object→Mesh Seed，Type→Uniform，Number of
Element，Number→10，Auto Execute，Curve List→surface 1. 2，Curve List→surface 1. 4；
Number→5，Curve List→surface 1. 1，Curve List→surface 1. 3。

（2）划分网格：Action→Create，Object→Mesh，Type→Surface，Elem Shape→Quad，
Mesher→Isomesh，Topology→Quad4，Surface List→Surface 1，Apply。

划分网格的板如图 3.29 所示。

图 3.29　划分网格的板示意图

4) 施加边界条件

（1）施加固定约束：Action→Create，Object→Displacement，Type→Nodal，New Set
Name→fixed，Input Data...，Translations<T1 T2 T3>→<0 0 0>，Rotations<R1 R2
R3>→<0 0 0>，OK，select Application Region...，FEM，Select Nodes→Node 1：56：
11，Add，OK，Apply，即在板的一边施加固定约束。

（2）施加集中载荷：Action→Create，Object→Force，Type→Nodal，New Set Name→ Force1，Input Data...，Force<F1 F2 F3>→<10 0 0>，Moment<M1 M2 M3>→<0 0 0>，OK，select Application Region...，FEM，Select Nodes→Node 11：66：11，Add，OK，Apply，即在板的一边施加 X 向的单向拉伸载荷。施加边界条件的平板如图 3.30 所示。

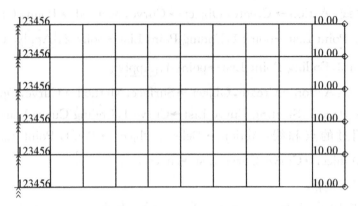

图 3.30　施加边界条件的平板

5）定义各项同性的铝材料

定义材料：Action → Create，Object → Isotropic，Method → Manual Input，Material Name→ aluminium，Input Properties...，Constitutive Model → Linear Elastic，Elastic Modulus→70000，Poisson Ratio→0.3，OK，Apply。这里，创建了各向同性的铝材料，手工输入了杨氏模量和泊松比，对于各向同性材料的静态分析，材料的独立弹性常数只有两个，也不必输入材料的密度值。

6）定义单元属性

定义单元属性：Action→Create，Object→2D，Type→Shell，Property Set Name→prop，选项 Option（s）→ Homogeneous、Standard Formulation，Input Properties...，Material Name→aluminium（在 Material Property Sets 中选择），Thickness→3.0，OK，Select Members→surface 1，Add，Apply。这样，就将材料的性能应用于划分好的单元，同时确定了板的厚度 3.0。

7）进行分析

（1）进行分析：Action→Analyze，Object→Entire Model，Type→Full Run，Job Name→ plate_static，Translation Parameters...，Data Output → xdb and Print，OK，Solution Type...→ LINEAR STATIC，OK，Apply。此时，Patran 会将模型提交 Nastran 运算，会弹出一个 DOS 形式的窗口，显示 Nastran 的运行情况，运算完成之后，计算机的扬声器会有提示音，同时，状态显示窗口关闭。

（2）读入分析结果：Action→Access Results，Object→attach XDB，Method→Results

Entities,单击 $\boxed{\text{Select Results File}}$,选择文件名→mode9-1. xdb, $\boxed{\text{OK}}$, $\boxed{\text{Apply}}$ 。这一步骤,是将 Nastran 的分析结果读入到 Patran 中来,这样才可以进行后处理。

8)后处理

(1)显示位移云纹图:Action→Create,Object→Quick Plot,Select Result Cases→Default Static Subcase,Select Fringe Result→Displacements Translational,Quantity→Magnitude, $\boxed{\text{Apply}}$ 。此时,平板模型的位移云纹图就显示出来,如图 3.31 所示。

(2)显示应力云纹图:Action→Create,Object→Quick Plot,Select Result Cases→Default Static Subcase,Select Fringe Result→Stress Tensor,Quantity→von Mises,$\boxed{\text{Apply}}$ 。此时,平板模型的 von Mises 应力云纹图就显示出来,如图 3.32 所示。从图中可以看出,应力的梯度变化与位移的梯度变化是一致的,在结构右端尖角处,有应力集中现象,这与加载有关。

图 3.31　位移云纹图

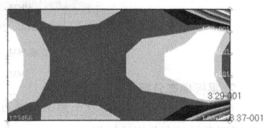

图 3.32　应力云纹图

至此,完成了平板的静态分析,从几何模型到有限元模型,对模型进行分析并将分析结果显示出来,完成后处理,方便易用,形象逼真。如果没有得到结果,请查看. f06 文件,在其中搜索"Fatal"或"Warning"关键字,看看是什么地方出了问题,再改正模型重新进行分析。

思考:顶端节点 10 N 的力和 5 N 的力得出的计算结果云图(见图 3.33～图 3.36)不一样,为什么? 并且 5 N 的力与平面端部受均布载荷实际情况更相符,请联系有限元的理论知识进行思考。

图 3.31～图 3.32
(彩色)

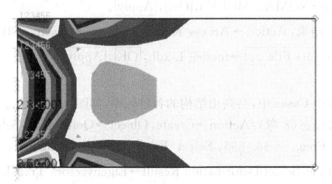

图 3.33　顶端节点在 5 N 集中力时的应力

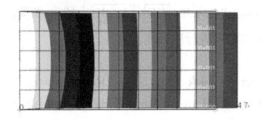

图 3.34 顶端节点在 5 N 集中力时的变形

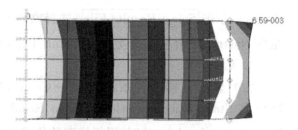

图 3.35 顶端节点在 10 N 集中力时的变形

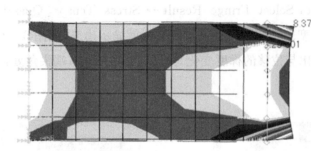

图 3.36 顶端节点在 10 N 集中力时的应力

图 3.33~图 3.36
（彩色）

2. 平板模态分析

平板结构的模态分析也是工程中经常遇到的问题,本节就以 3.4.2 节中的平板结构为例,说明平板模态分析的过程。

1) 删除 3.4.2 节结构中的载荷

删除载荷:Action→Delete,Object→Force,Existing Sets→force1, Apply 。模态是结构本身的特性,在确定结构和约束条件后,结构的模态也就相应地确定下来了,所以,这里将施加的载荷删除。

（注意在这里一定要在材料属性里面定义材料的密度,没有密度不能进行模态分析）

2) 进行模态分析

(1) 进行分析:Action→Analyze,Object→Entire Model,Type→Full Run,Job Name→plate_static, Translation Parameters... , Data Output → XDB and Print, OK , Solution Type... →NOMAL MODES, OK , Apply 。

(2) 读入分析结果:Action→Access Results,Object→attach XDB,Method→Results Entities, Select Results File... →mode9-1.xdb, OK , Apply 。

3) 后处理

在 Select Result Cases 中,会列出结构的各阶频率,如图 3.37 所示。

(1) 显示三阶模态(2 弯):Action→Create,Object→Quick Plot,Select Result Cases→Default Mode 3:Freq. = 48.895,Select Fringe Result → Eigenvectors Translational,Quantity→Magnitude,Select Deformation Result→Eigenvectors Translational, Apply 。则会显示出平板结构的位移变形和变形的云纹图,如图 3.38 所示。

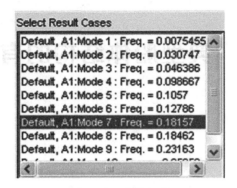

图 3.37　各阶频率

图 3.38　显示三阶模态

（2）显示四阶模态（2 扭）：Action→Create，Object→Quick Plot，Select Result Cases→Default Mode 4：Freq. ＝104，Select Fringe Result→Eigenvectors Translational，Quantity→Magnitude，Select Deformation Result→Eigenvectors Translational，$\boxed{\text{Apply}}$。则会显示出平板结构的四阶模态位移变形和变形的云纹图，如图 3.39 所示。

图 3.38～图 3.39
（彩色）

图 3.39　显示四阶模态

第 *4* 章　典型船体结构的有限元分析

 4.1　船用起重机的支撑结构

4.1.1　概述

　　船用起重机,俗称克令吊。在过去的很长一段时间,船上起重设备一直使用吊杆装置,到 20 世纪中期,已经开始在一些船上使用起重机,并逐步推广使用。到 60 年代初期,随着船舶的大型化和高速化发展,为更迅速地缩短船舶停港时间和加快装卸速度,于是出现了结构紧凑、操作简便可靠和起重能力大的起重机,使得起重机在船上得到广泛的应用。

　　起重机作为船舶货物装卸的设备,主要有操作简便、装卸效率高,且布置简洁,占用甲板面积小的优点,尤其对重大件货物的吊装特别适合。

　　船用起重机作为船舶上的常用设备,如图 4.1 所示,即为某供油船配用的液压伸缩起重机。船用起重机的种类很多,主要有:

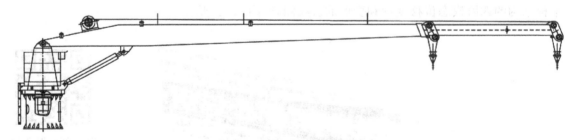

图 4.1　某供油船船用起重机

　　(1) 安装在船上用于港口条件下装卸货物和集装箱的甲板起重机。

　　(2) 安装在驳船上或囤船上用于港口条件下作业的浮式起重机或抓斗式起重机。

　　(3) 安装在船上(包括浮船坞)用于港口条件下吊运设备和物料等机舱或物料起重机。

　　(4) 安装在固定或移动式平台用于吊运设备和物料的起重机或吊放有人潜水器和潜水系统的装置。

　　(5) 安装在船上用于在近海环境条件下吊放无人设施的起重机,如敷管起重机。

4.1.2　船用起重机支撑结构的有限元建模

船用起重机其底部都具有如图 4.2 所示的法兰底座，底座上布置有螺孔，即为图 4.2 对应的螺孔布置图。为了将起重机较好地固定在甲板上，一般根据配置选择对应的支撑结构，并通过螺栓连接的方式将其固定。图 4.3 则为供油船船用起重机的支撑结构。所以，当船用起重机的负荷过大，导致甲板上支撑结构难以承受时，会对船体结构产生破坏。因此，有必要分析其可能的各种工况，并对支撑结构进行应力分析和校核。

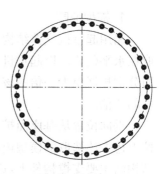

图 4.2　底座螺孔布置图

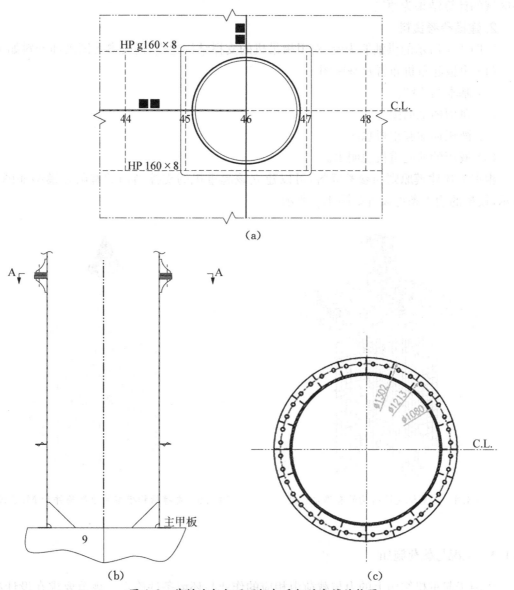

图 4.3　某供油船船用甲板起重机的支撑结构图
(a)俯视图；(b)中纵剖面图；(c)剖视图

1. 模型范围

船用起重机支撑结构一般采用局部立体结构模型(以下简称局部模型),模型边界的框取在水平位置。以起重机基座或支撑结构有效作用平面正方形或圆形的形心为中心,向四周分别扩展至少一倍的该正方形或圆形相对应的边长或半径的距离,即扩展后的总长为原长的 3 倍。

垂向位置从基座面扩展至甲板之下的第一个平台甲板或至少 $D/4$ 处(D 为型深)。如按上述方法选取的模型边界上未设置结构的主要支撑构件,则模型应再延伸,直至边界落在结构的主要支撑构件上,边界条件可考虑自由支持或固定支持端。若边界条件或模型范围的大小对中心区域的计算结果较为敏感,则应再适当扩大局部模型的取用范围,以不影响中心区域的计算结果为原则。

2. 建模参考资料

以图 4.1 所示的供油船为例,对甲板吊机的支撑结构建模,需要参考图纸和资料如下:

(1) 甲板起重机布置及基座图。

(2) 基本结构图。

(3) 典型横剖面图。

(4) 液压伸缩起重机总图。

(5) 液压伸缩起重机说明书。

根据上述建模原则和参考资料,可以建立该起重机的支撑结构的有限元模型如图 4.4 所示,模型的边界条件设置如图 4.5 所示。

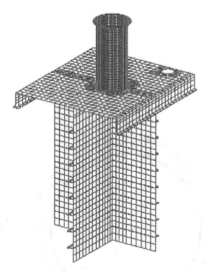 

图 4.4　起重机支撑结构的有限元模型　　　图 4.5　支撑结构模型的边界条件和 MPC 模拟

4.1.3　工况与载荷施加

作用于起重机结构上的力与载荷由相应的作业与环境条件确定。规范要求在设计起重机时,应明确规定起重机的性能,诸如:安全工作负荷、起升载荷、工作幅度、起升高度、起重机的各种运动速度和制动次数等。

所以,可以依据起重机说明书并结合起重机的用途和作业特性,考虑其受力和载荷:

(1) 自重载荷。

(2) 起升载荷。

(3) 由起重机的各种运动所产生的惯性力。

(4) 由船舶倾斜所产生的力。

(5) 荷重非垂直吊运时,因荷重摆动所产生的力。

(6) 分力和环境的影响。

(7) 通道与平台上的载荷。

另外,对起重机的结构与放置设施的下述状态也应进行核算:

(1) 由船舶运动与倾斜所产生的力。

(2) 风力与环境的影响。

在以上载荷中,作用在起重机上的自重载荷与起升载荷称为基本载荷,两种载荷均应考虑作业系数的影响,具体数值如表 4.1 所示。

表 4.1　作业系数 φ_d 的取值表

起重机的形式和用途	作业系数 φ_d
物料起重机、机舱用起重机	1.0
甲板起重机、集装箱起重机、龙门式和浮式起重机	1.05
抓斗式起重机	1.20

关于由上述载荷组成的各种工况,应根据实际作业情况和规范要求进行设计计算。这里以最简单的组合载荷为例进行说明。

假设仅考虑自重载荷和起升载荷,并取其作业系数为 1.0。由于一般有限元软件施加荷载的局限性,根据力的等效平移定理,可以将力添加到起重机主体结构的中心处,并附加一个力矩。值得注意的是,计算起重机的自重载荷时,其固定在甲板支撑基座结构的主体部分重量产生的力矩不需考虑;仅计算起重机力臂的重量产生的力矩,并将其力矩力臂的一点取在整个力臂的几何形心处。

由于起重机主体结构刚性很强,可以视为一个刚体,从而将力和力矩直接分配到各传递点上,即分配到底座的螺栓处(实际建模时,螺栓被视作模型中的一个节点),如图 4.5 所示。

以本节的起重机支撑结构模型为例,由于模型的高度对称性,仅需要考虑一个直角范围内结构模型的受力结果,并以 x 轴的正方向为 0°,按每隔一定的度数值取为载荷的方向计算一次,最后得到全部的计算结果,并进行校核。

4.1.4　结果校核与分析

建完有限元模型后,需要检查模型的合理性以及和原图纸的一致性,如板厚的检查(见图 4.6)。并添加材料物理属性和单元属性,最后施加载荷并提交解算器计算,得出的云图如图 4.7～图 4.9 所示,每个工况一般都应

图 4.6～图 4.9
（彩色）

包含相当应力云图、梁的正应力云图和剪应力云图。

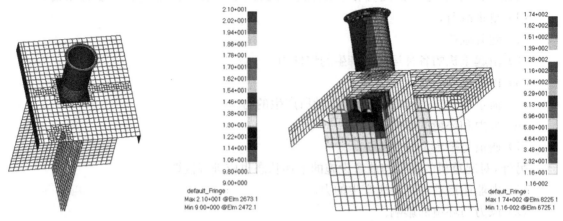

图 4.6　模型厚度显示图　　　　　　　图 4.7　工况 2 相当应力云图

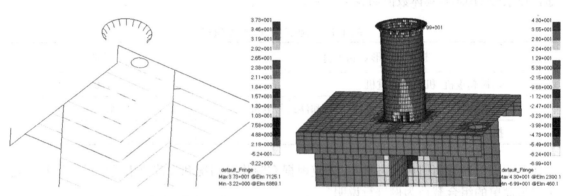

图 4.8　工况 3 梁的正应力云图　　　　　　图 4.9　工况 3 梁的剪应力云图

　　结果校核可以参考船级社规范的标准进行比较,许用应力值如表 4.2 所示。

表 4.2　规定的许用应力值　　　　　　　　　单位:N/mm²

构件类型	许 用 应 力	
梁/交叉梁系	正应力: $[\sigma] = 0.67R_{eH} = 0.67 * 235 = 157.45$	
	剪应力: $[\sigma] = 0.6R_{eH} = 0.39 * 235 = 91.65$	
板元	相当应力: $[\sigma_e] = 0.80R_{eH} = 0.8 * 235 = 188$	

表中,* R_{eH} 为材料的屈服应力,N/mm²;普通钢材的 $R_{eH} = 235$ N/mm²。

　　一般情况下,要把生成的报告提交给船级社供其审核,所以报告中需要包括在每种工况下三种应力的最大值,并应清楚说明结果是否满足规定的许用应力值,并分析某些地方应力值过大的原因。表 4.3 是该供油船的起重机支撑结构在基本载荷下的分析结果。

表 4.3 5 种工况的最大应力值   单位：N/mm²

工况	相当应力	梁正应力	剪应力	结果
1(0 度)	188	34.3	62.9	满足要求
2(22.5 度)	174	32.9	57.1	满足要求
3(45 度)	169	37.3	43.0	满足要求
4(67.5 度)	166	41.0	48.8	满足要求
5(90 度)	165	44.3	45.3	满足要求

4.2 锚机基座及掣链器的支撑结构

4.2.1 概述

锚机（windlass）是抛锚、起锚和绞收缆绳的机械装置，它是主要的船用锚系泊设备，实物如图 4.10 所示，布置图如图 4.11 所示。其主要作用是保持船位不变，船舶紧急制动，使船安全靠离码头。锚机一般位于船舶的首楼甲板上，在工作环境下一般受到锚链的作用，在船舶运营中锚机承受波浪的作用，这就要求锚机在甲板上的固定及支撑结构要达到合理的结构强度。

图 4.10 锚机和掣链器配合

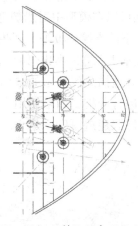

图 4.11 锚机和掣链器在甲板上的布置

掣链器（Chain stopper）设置在锚机与锚链筒之间的甲板上，用来夹住锚链。抛锚后，闸上掣链器可将锚链的拉力传给船体，使锚机不处于受力状态。航行时，掣链器承受锚和部分锚链的重力，并将收到锚链筒内的锚贴紧船体，不致发生撞击。因此，掣链器基座及其支撑结构所承受载荷力很大，其结构设计的合理性直接关系到船舶的安全性能。

在传统的设计中，对船舶机械设备在船舶上的固定以及相关设备的支撑结构均是按结构力学和材料力学理论进行经验类比设计。随着有限元技术的发展及其在船舶与海洋工程上的应用，设计人员可以运用有限元软件对所设计的结构进行强度和刚度计算，进而对结构进行优化设计,保证了设计质量,也节省了设计时间,避免了材料浪费,并增加了安全性。

近年来,中国船级社对船长超过 80 m 的船舶锚机基座及掣链器支撑结构的结构强度进行了规范。本节以在工程中送审的实际案例,对其分析校核过程进行说明。

4.2.2 锚机基座及掣链器支撑结构的有限元建模

1. 模型范围

模型范围:纵向范围以基座为中心,至少 3 倍基座长为最小范围,并将边界定于强肋位档或者舱壁处;横向范围则根据模型结构的对称性决定,如果对称性比较好,则可以只对左舷或右舷到船中部分建模,否则需要从左舷到右舷建模;垂向则一般从锚机基座所在甲板延伸至下一层甲板。有限元建模范围也可以依照 4.1.2 所述原则进行。需要参考的图纸如下:

(1) 锚泊及系泊布置图。

(2) 艏部结构图。

(3) 锚机基座及加强结构图。

(4) 液压锚绞车图。

(5)(滚轮闸刀)掣链器图。

2. 结构模拟

模型中一般采用板壳单元模拟船体中的甲板、纵横舱壁、肘板、强横梁的腹板和面板。锚链舱舱壁及附近的加强筋也采用板壳单元模拟。板壳单元大多采用四边形单元,在连接或变化较大处采用少量三角形单元过渡。离锚链舱较远的加强筋、支柱等则采用梁单元模拟。

此外,还可以在模型中对船艏部结构进行适当的简化,如忽略小肘板,甲板、平台和舱壁上的开口,螺栓下的支撑垫板等。这些简化,一是基于对结果的极小影响的考虑,如远离受力区域的开孔;二是基于保守的考虑,如小肘板、螺栓下的支撑垫板。标准件掣链器采用 MPC 模拟。

为了较好地描述区域中的结构部件在各个方向上的受力分布情况,应尽可能运用三维有限元模型进行分析。如果使用交叉梁系或板梁组合模型,则模型简化应合理且趋于保守,模型中的构件取建造厚度。建立的有限元模型如图 4.12 所示。

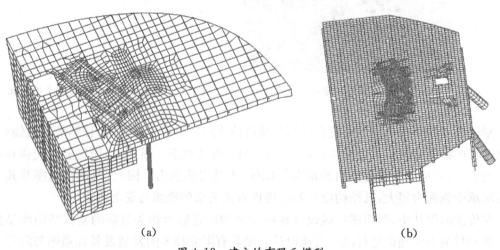

(a)   (b)

图 4.12 建立的有限元模型

(a) 左右舷对称的有限元模型;(b) 左右舷不对称的有限元模型

4.2.3　工况

按照 CCS 规范的要求,需要校核下列四种载荷工况下锚机和掣链器支撑结构的强度:

工况 1:船艏 0.25L 以内因上浪而产生设计载荷的工况。

工况 2:锚机(带掣链器)　　破断强度的 45%。

工况 3:锚机(不带掣链器)　　破断强度的 80%。

工况 4:掣链器　　　　　　　破断强度的 80%。

1. 工况 1

工况 1 一般包含两种情况(受力方向):向舷内侧力和向舷外侧力。作用在锚机上的压力和计算面积可按下述计算。

1) 垂直于轴线由船艏向后方向的力 P_x

$$P_x = 200\,\mathrm{kN/m^2} \times A_x \tag{4.1}$$

式中,A_x 为锚机朝该方向的投影面积,$\mathrm{m^2}$,方向如图 4.13 所示,投影后形状如图 4.14 所示。

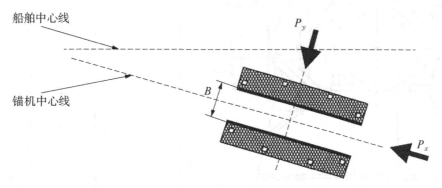

图 4.13　锚机朝 x 轴方向和 y 轴方向的投影示意图

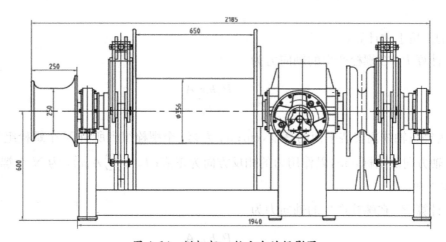

图 4.14　锚机朝 x 轴方向的投影图

2) 平行于轴线分别作用于舷内和舷外侧的力 P_y

$$P_y = f \times 150\,\text{kN/m}^2 \times A_y \tag{4.2}$$

$$f = 1 + B/H$$

式中,B 为平行于轴线的锚机计算宽度,一般取为两支撑处的宽度,m;H 为锚机最大高度,m;f 的值不大于 2.5;A_y 为锚机朝 y 轴方向的投影,m²,如图 4.15 所示。

3) 第 i 个螺栓组(或螺栓)的轴向力 R_i 的计算

锚机由 N 个螺栓组支持,每个螺栓组包含 1 个或多个螺栓,按照一定顺序给螺栓编号,约定的 y 值依照舷内和舷外方向约定为相反的正负号。在图 4.16 中的螺栓孔位置分布图中,首先必须确定所有螺栓点形成的形心位置,即螺栓组的中心,并设为原点。然后,计算每个螺栓孔的面积和对应的惯性矩,并列表。

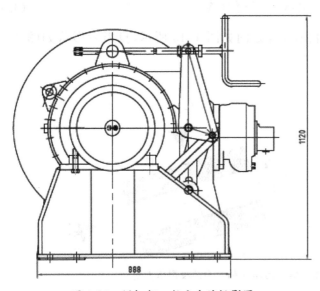

图 4.15 锚机朝 y 轴方向的投影图

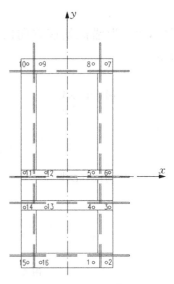

图 4.16 螺栓孔布置图

R_i 的值按下式计算:

(1) 计算 P_x 在螺栓产生的轴向力为

$$R_{xi} = \frac{P_x h x_i A_i}{I_x} \tag{4.3}$$

式中,h 为锚机轴线离安装平面的高度,cm;x_i 为第 i 个螺栓组到所有 N 个螺栓组的中心的 x 轴和 y 轴方向的坐标,cm,以作用力的相反方向为正值;$I_x = \sum A_i x_i^2$,为 N 个螺栓组对 y 轴惯性矩之和。

(2) 计算 P_y 在螺栓产生的轴向力为

$$R_{yi} = \frac{P_y h x_i A_i}{I_y} \tag{4.4}$$

式中，y_i 为第 i 个螺栓组到所有 N 个螺栓组的中心的 y 轴方向的坐标，cm，以作用力的相反方向为正值；$I_y = \sum A_i y_i^2$，为 N 个螺栓组对 y 轴惯性矩之和；A_i 为螺栓组 i 所有螺栓横剖面的面积之和。

锚机质量在第 i 个螺栓组上产生的静反力为

$$R_{si} = \frac{W}{N} \tag{4.5}$$

式中，W 为锚机质量，t；N 为螺栓组数量。

4）作用在第 i 个螺栓组上的剪切力以及合成力为

$$F_{xi} = \frac{P_x - \alpha g W}{N} (\text{kN}) \tag{4.6}$$

$$F_{yi} = \frac{P_y - \alpha g W}{N} (\text{kN}) \tag{4.7}$$

$$F_i = \sqrt{F_{xi}^2 + F_{yi}^2} (\text{kN}) \tag{4.8}$$

式中，α 为摩擦系数，取 0.5；W 为锚机质量，t；g 为重力加速度，取 9.81 m/s²；N 为螺栓组数量。

根据上述方法，可以列表求出 R_i 的值（见表 4.4），即为某供油船对应锚机基座螺栓孔处受力（对应基座为图 4.16 所示）。然后，得出 F_{xi} 和 F_{yi} 的值，并施加到模型上进行计算。对于当 P_y 的方向指向舷外侧时的螺栓轴向力，可以由 y_i 取 P_y 的方向指向舷内侧时的相反值得到，将两种情况比较，取最危险的情况校核。

表 4.4　当 P_y 的方向指向舷内侧时的螺栓轴向力

螺栓序号	x_i/cm	y_i/cm	$A_i x_i^2$/cm⁴	$A_i y_i^2$/cm⁴	R_{xi}/kN	R_{yi}/kN	R_i/kN
1	23.9	−81.3	3 032.73	35 092.83	20.76	22.75	42.41
2	35.9	−81.3	6 842.68	35 092.83	31.19	22.75	52.84
3	38.9	−29.1	8 034.09	4 495.97	33.79	8.14	40.83
4	23.9	−29.1	3 032.73	4 495.97	20.76	8.14	27.80
5	23.9	3.9	3 032.73	80.75	20.76	−1.09	18.57
6	38.9	3.9	8 034.09	80.75	33.79	−1.09	31.60
7	35.9	106.4	6 842.68	60 106.37	31.19	−29.78	0.30
8	23.9	106.4	3 032.73	60 106.37	20.76	−29.78	−10.12
9	−25.1	106.4	3 344.91	60 106.37	−21.80	−29.78	−52.69
10	−37.1	106.4	7 307.77	60 106.37	−32.23	−29.78	−63.11
11	−40.1	3.9	8 537.41	80.75	−34.84	−1.09	−37.03
12	−20.1	3.9	2 145.01	80.75	−17.46	−1.09	−19.66

（续表）

螺栓序号	x_i/cm	y_i/cm	$A_i x_i^2$/cm⁴	$A_i y_i^2$/cm⁴	R_{xi}/kN	R_{yi}/kN	R_i/kN
13	−20.1	−29.1	2 145.01	4 495.97	−17.46	8.14	−10.42
14	−40.1	−29.1	8 537.41	4 495.97	−34.84	8.14	−27.80
15	−37.1	−81.3	7 307.77	35 092.83	−32.23	22.75	−10.58
16	−25.1	−81.3	3 344.91	35 092.83	−21.80	22.75	−0.16
$\sum$			84 554.66	399 103.68			

2. 工况 2 和工况 3

工况 2 和工况 3 则需要根据锚机是否带掣链器,从而决定是施加破断强度的 45% 还是 80%,二者选其一进行计算分析。

选择需要校核的工况后,根据本船锚链的型号,查找相关标准和图标,得到锚链最小破断力,此即是校核要求的破断强度。再根据锚链和掣链器的结构和布置情况,将破断拉力 F 分解为水平方向的力 F_x 和垂直方向的力 F_z。根据力矩等效原则,计算出水平 F_x 引起的第 i 个螺栓的轴力 R_{xi},这和工况 1 的处理是类似的。

3. 工况 4

掣链器的示意图如图 4.17(a)所示。对于掣链器受 80% 破断力的工况,依据锚链的最小破断强度,乘以 80% 即是施加的作用力大小。力的作用点一般是锚链在掣链器滚轮的附着点,方向为该附着点与甲板上一点(锚链筒与甲板平面相贯线中心点)连线方向,并指向下方,工况和载荷施加如图 4.17(b)所示。

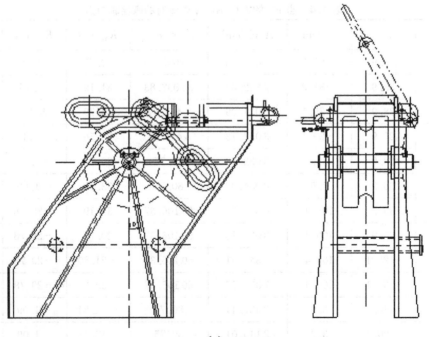

(a)

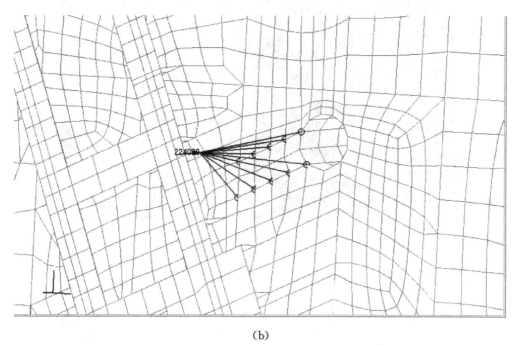

(b)

图 4.17 掣链器

(a) 投影示意图；(b) 结构有限元模型图

4.2.4 结果校核与分析

在各种工况下，锚机基座及其支撑结构的许用应力值如表 4.5 所示。

表 4.5 规定的许用应力值 单位：N/mm²

构件类型	许 用 应 力
梁/交叉梁系	正应力：$[\sigma] = 1.00R_{eH} = 1 * 235 = 235$
	剪应力：$[\sigma] = 0.6R_{eH} = 0.6 * 235 = 141$
板元	相当应力：$[\sigma_e] = 1.00R_{eH} = 1 * 235 = 235$

* R_{eH} 为材料的屈服应力，N/mm²，普通钢材的 $R_{eH} = 235$ N/mm²。

在提交的计算报告中，应该包括锚机基座及掣链器支撑结构所有可能的工况，且每个工况一般都应包括相当应力云图、梁的正应力云图和剪应力云图。基座在工况 1 的条件下的一组应力云图如图 4.18 所示。

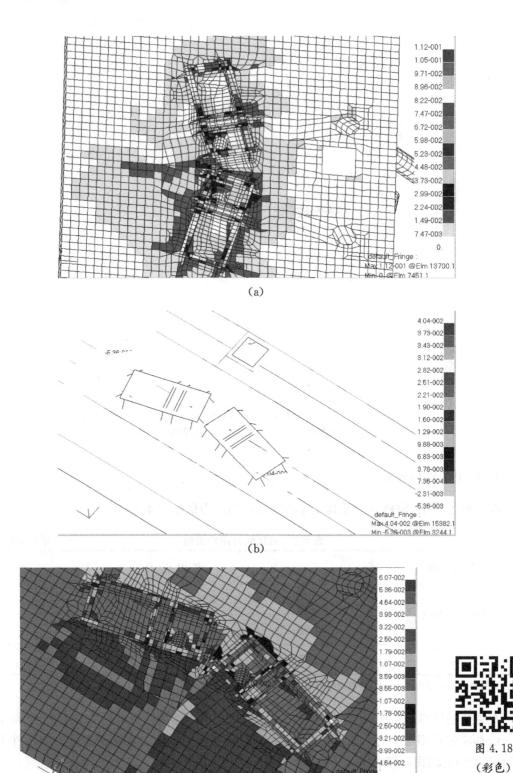

图 4.18　基座在工况 1 下的一组应力云图

(a) VON MISES 应力云图,kN/mm^2;(b) 梁正应力云图,kN/mm^2;(c) 梁剪应力云图,kN/mm^2

图 4.18
(彩色)

4.3 系泊的支撑结构有限元建模与分析

4.3.1　概述

　　船舶停泊除用抛锚方式外,凡停靠码头、船坞、系留浮筒均需用缆绳将船系住。凡保证船舶能安全可靠地进行系缆作业的所有装置和机械,统称为系泊设备。系泊时使用的柔韧绳索,即系泊索,系泊属具包括带缆桩、导缆孔、导缆器、系缆绞车、绞盘,系泊属具实物如图4.19所示。

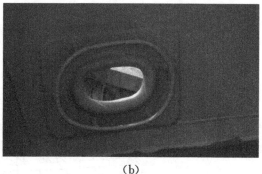

(a)　　　　　　　　　　　　　　　　　　(b)

(c)　　　　　　　(d)　　　　　　　(e)

图4.19　系泊属具实物

(a) 带缆桩;(b) 导缆孔;(c) 导缆器;(d) 导缆滚轮1;(e) 导缆滚轮2

　　由于系泊索的拖带和系泊会对上述这些系泊属具产生载荷作用,且可能对相应甲板支撑结构产生破坏作用,因此规范要求对正常拖带、系泊操作的绞盘、绞车等的船体支撑结构(上部或内部安装船用配件并直接承受作用在船用配件上的力的部分船体结构)进行有限元直接计算。下面以某工程船为例,对绞盘及其支撑结构的有限元建模与分析计算进行说明。其他系泊属具可以此作为参考。

4.3.2 有限元模型

依据尾部结构图和绞盘及基座图纸,建立有限元模型。其具体结构形式参考相应的尾部结构图和绞盘及基座图纸。

结构模型采用三维有限元模型,按照相关图纸的构件设计尺寸、板厚、截面、开孔等取值。其中绞盘基座(包括圆筒形腹板和面板、支撑肘板)、甲板、强横梁和纵桁腹板,采用四节点板单元,在连接或变化较大处采用少量三角形单元过渡。用梁单元模拟横梁、强横梁面板和纵桁面板,梁单元考虑各构件的实际截面和偏心。绞盘受力至螺栓间的传递采用 MPC 进行模拟。有限元网络的划分采用 200 mm 左右的尺寸单元,局部地区进行细化。

结构有限元模型如图 4.20 所示。

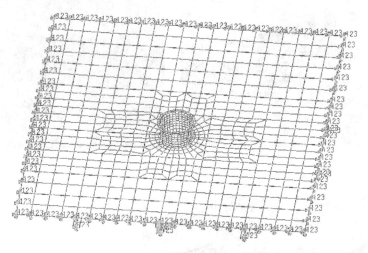

图 4.20 绞盘及支撑结构有限元模型图

对于系泊属具,若只关注其载荷对甲板支撑结构的影响,则可以不必创建出其基座的模型,采用 MPC 条件模拟系泊属具的刚性体,也能得到一定精度的计算结果,具体如图 4.21 所示。

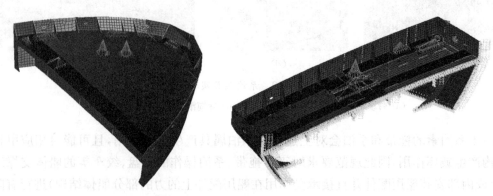

图 4.21 船首和船尾系泊属具及支撑结构的有限元模拟图

4.3.3 绞盘

绞盘是直立在船舶甲板上的系泊舾装件,其工作主要通过钢缆绳拖拽水面的目标物体。绞盘在甲板上所占空间较小,缆绳可从水平各方向牵引而来,且其动力机械可装于甲板下,比较安全。图 4.22 为绞盘及底下支撑部分的剖面图,图 4.23 为绞盘的基座结构示意图。

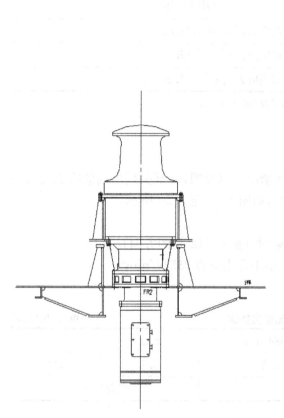

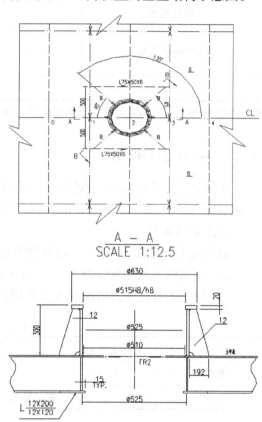

图 4.22 绞盘及底下支撑的剖面示意图

图 4.23 绞盘的基座结构示意图

4.3.4 载荷工况及应力标准

根据设计资料,查找到绞盘可能受到的最大拖力,假如为 1t 力。按照 CCS:《钢质海船入级规范》(2023) 3.6.3.3(2)规定:用于正常拖带操作(如港区/调遣)的设计负荷应为拖带与系泊布置计划指示的预期的最大拖带负荷的 1.25 倍,即施加到模型的外力应为最大拖力的 1.25 倍,即

$$F = 1.25 \times 1t = 12\,500\,N \tag{4.9}$$

力的作用点是绞盘缠线区域垂向中面处的滚柱外缘附着点,方向可以是 360°转动。考虑绞盘及支撑结构的对称性,这里校核了负 x 轴向(朝船艉)和沿负 x 轴向绕中心点顺时针每次旋转 22.5°,校核由此旋转产生的 8 个工况,并重点关注最大应力工况。

4.3.5 应力标准

板单元的应力计算结果包括各个节点及参考点上的 $(\sigma_x, \sigma_y, \tau)$ 及 σ_e 等,本书采用

Mises 相当应力：$\sigma_e = \sqrt{\sigma_x^2 + \sigma_y^2 - \sigma_x \cdot \sigma_y + 3\tau^2}$。

参照 CCS《钢质海船入级规范》(2023)第 2 篇船体部分第 3 章第 6 节和第 7 节许用应力的相关要求，绞盘支撑结构的计算应力不大于表 4.6 中的许用值。

表4.6 许用应力　　　　　　　　　　　　　单位：N/mm²

构件类型	许用应力
梁/交叉梁系	正应力：$[\sigma] = 1.00R_{\mathrm{eH}}$
	剪应力：$[\tau] = 0.6R_{\mathrm{eH}}$
板元	相当应力：$[\sigma_e] = 1.00R_{\mathrm{eH}}$

R_{eH} 为材料屈服强度，N/mm²；该船体所用钢材材料的屈服强度为 235 N/mm²。

4.3.6　应力校核与提交

在提交的计算报告中，应对所有工况的整体情况予以说明，并至少列出最危险工况的一组相当应力云图、梁的正应力云图和剪应力云图，如图 4.24 至 4.26 所示。

具体示例如下：

最大应力工况(拉力沿负 x 轴向绕附着点顺时针旋转 112.5°的方向)

(1) 板元的最大等效应力为 17.4 N/mm²，小于许用应力 235 N/mm²。

(2) 梁元的具体受力情况如表 4.7 所示。

表4.7　梁元受力情况　　　　　　　　　　　单位：N/mm²

应力	正应力 σ_{N}	许用应力$[\sigma]$	$\tau_{\max}$	$[\tau]$
数值	15.1	235	5.1	141
结论	满足要求		满足要求	

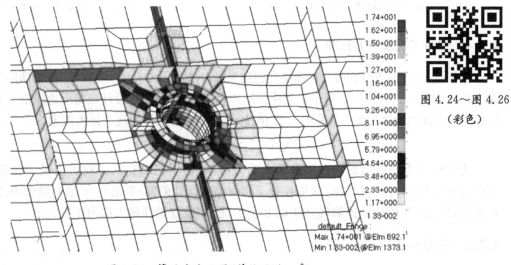

图 4.24～图 4.26
（彩色）

图 4.24　等效应力云图(单位：N/mm²)

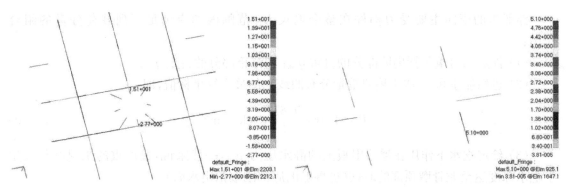

图 4.25　梁正应力云图（单位：N/mm²）　　　图 4.26　梁剪应力云图（单位：N/mm²）

4.4　船体横向强度有限元建模与分析

横向强度是船舶大开口结构必须重点关注的内容，对于横向强度的校核，在集装箱船、散货船以及新型船舶上均需予以开展。其中，以浮船坞最为典型。由于浮船坞在工作过程中，横向结构受到载荷种类较多，除了浮船坞的自重外，还有进坞船的最大重量、特定吃水下的外部静水压力、均布压载水的内部静水压力以及结构内部的平衡力，因此对浮船坞的横向强度应沿整个坞长范围内进行校核。中国船级社《浮船坞入级规范》(2009)中规定应对浮船坞的横向强度进行直接计算。

4.4.1　浮船坞横向强度计算的载荷说明

浮船坞横剖面载荷作用的典型模式如图 4.27 所示。

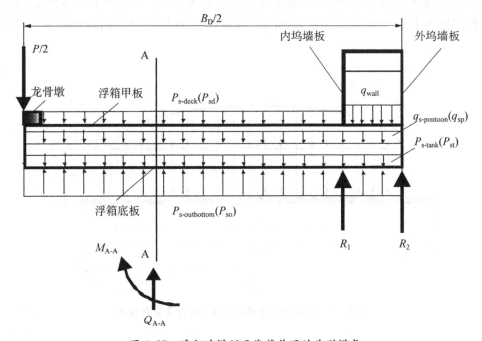

图 4.27　浮船坞横剖面载荷作用的典型模式

浮船坞的横向主要受力构件在整个坞长 L_D 范围内均应满足下列载荷分量的组合作用:

(1) 浮船坞自重包括坞墙部分的自重 q_{wall} 和浮箱部分的自重 q_{sp}。

(2) 进坞船重量 P 取进坞船重量分布曲线上的最大纵坐标值,即

$$P = 1.167 \frac{9.81 F_L}{L_S} (\text{kN/m}) \tag{4.10}$$

(3) 给定吃水下作用在浮箱甲板上的静水压力 p_{sd},一般来说,最严重的工况往往发生于吃水深度达至龙骨墩顶部的时候(进坞船的底部刚被抬出水面)。

(4) 舱内静水压力(p_{st})。

(5) 浮箱底板外部的水压力及舷外水压力(p_{so})。

① 浮船坞自重 P_1。重力加速度 g 取 9.8m/s^2,以惯性力的形式作用在模型上。

② 进坞船重量 P_2。根据《浮船坞入级规范》要求,在校核强度时,应基于以下假定:进坞船仅坐于龙骨墩上,且进坞船长中点与坞长中点处于同一垂线,如图 4.28 所示。

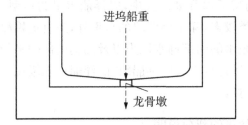

图 4.28 进坞船重量集中布于龙骨墩上的假定

进坞船的重量分布曲线 $q(x)$ 可假定为沿坞长方向上一个边长等于进坞船长 L_S 的矩形 q_1,再叠加同等长度的抛物线 $q_2(x)$ 组成,且抛物线面积为矩形面积的一半,如图 4.29 所示。

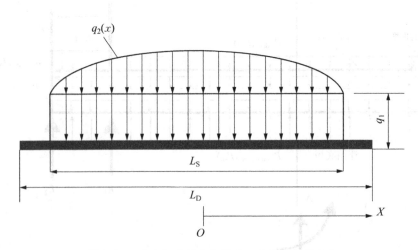

图 4.29 进坞船沿进坞船长 L_S 的重量分布曲线

$$q_1 = \frac{2}{3} \cdot \frac{9.81 F_{\mathrm{L}}}{L_{\mathrm{S}}} \tag{4.11}$$

$$q_2(x) = \frac{9.81 F_{\mathrm{L}}}{L_{\mathrm{S}}} (1 - C x^2) \tag{4.12}$$

其中，$C = \dfrac{4}{L_{\mathrm{S}}^2}$。

进坞船长 L_{S} 可按以下规定取值：

$$L_{\mathrm{S}} = \begin{cases} 0.80 L_{\mathrm{D}} & \text{当 } F_{\mathrm{L}} < 40\,000\ \mathrm{t} \\ 0.057\,6 F_{\mathrm{L}}^{0.248\,3} L_{\mathrm{D}} & \text{当 } 40\,000\ \mathrm{t} \leqslant F_{\mathrm{L}} \leqslant 70\,000\ \mathrm{t} \\ 0.92 L_{\mathrm{D}} & \text{当 } F_{\mathrm{L}} \geqslant 70\,000\ \mathrm{t} \end{cases} \tag{4.13}$$

其中，F_{L} 为举升能力，L_{D} 为坞长。

　　针对进坞船的线载荷特点，在进坞船载荷分布的位置建一条刚度趋于零的"软"梁。这样的梁承受载荷后会将载荷传递给该梁所依附的实际结构，在有限元计算过程中，由于刚度矩阵中对应"软梁"的刚度趋于零，所以该梁的结构响应也趋于零。但载荷引起的变形趋于无穷，因此这样的梁可以将梁上的载荷很好地传递给所依附的结构，而不会影响结构响应结果的工程精度。

　　③ 浮箱甲板水头 P_3。浮箱甲板水头，依据吃水而定。

　　④ 压载水的质量 P_4。按《内河浮船坞技术要求》(2010) 规定，通过平衡调整使支座反力不大于 3% 的浮船坞排水量，各工况按未压载水时计算的支反力进行补充。

　　(a) 舷外静水压力 P_5。舷外静水压力随着吃水的不同而呈梯度变化，依据规范要求，不考虑波浪压力。

　　(b) 约束条件。对外坞墙与浮箱底相交处节点的线位移进行约束。一侧约束 x、y 和 z 轴方向的线位移，即 $\delta_x = \delta_y = \delta_z = 0$，另外一侧约束 x 和 z 轴方向的线位移，即 $\delta_x = \delta_z = 0$。如图 4.30 所示。

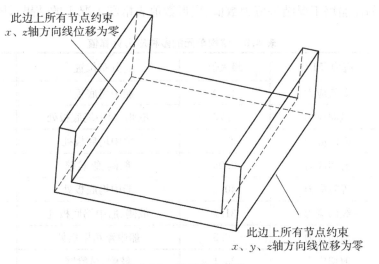

图 4.30　模型约束条件

4.4.2 浮船坞横向强度计算的工况说明

对该浮船坞的实际使用情况,本小节计算了 3 种工况,具体情况如下:

(1) 工况 1:浮船坞处于最大深沉吃水时。

(2) 工况 2:以设计举升能力举升进坞船,且平浮状态下的浮船坞吃水位置至龙骨墩顶时的工况,即进坞船的底部刚被抬出水面。

(3) 工况 3:浮船坞处于正常举升工况下,抬起最短进坞船时。

各工况载荷组合情况如表 4.8 所示。

表 4.8 各工况载荷组合情况

工况	载荷组合情况
1	$P1+P3+P4+P5$
2	$P1+P2+P3+P4+P5$
3	$P1+P2+P4+P5$

4.4.3 浮船坞横向强度的强度说明和校核标准

1. 强度评估标准

对于任一纵剖面处的横向主要构件,按 4.4.2 所述的载荷工况计算所得的拉/压应力值均应不大于许用应力 $[\sigma]=170\,\text{N/mm}^2$,且剖面上的最大剪应力值应不大于许用剪应力 $[\tau]=95\,\text{N/mm}^2$。此外,任一点的相当应力 σ_e 应不大于许用相当应力 $[\sigma_e]=180\,\text{N/mm}^2$(其中,$\sigma_e=\sqrt{\sigma^2+3\tau^2}$,$\sigma$ 和 τ 分别为计算点处的拉/压应力和剪应力值)。

2. 各工况计算结果显示

利用有限元软件,对上述建立的整船模型,进行上述 3 种工况下的计算,各工况下计算做的应力及变形详细结果以数字表格形式和云图形式提交。表 4.9、表 4.10 和图 4.31 即是某 800 t 举力的浮船坞工况结果应力数值、变形数值表格和工况 1 的结果云图。

表 4.9 结构单元的多种应力计算值

工况	应力/MPa	最大值	分布位置	允许值
1	等效应力	16.9	船中坞底板处	180
	纵向应力	8.76	舷侧、船中坞底板处	170
	横向应力	8.3	船中坞底板处	170
	剪切应力	9.05	舷侧、纵舱壁	95
2	等效应力	40.3	船中坞底板处	180
	纵向应力	31.7	舷侧、船中坞底板处	170
	横向应力	26.5	船中浮箱甲板处	170
	剪切应力	23.1	舷侧、纵舱壁	95

（续表）

工况	应力/MPa	最大值	分布位置	允许值
3	等效应力	42.3	船中坞底板处	180
	纵向应力	33.3	舷侧、船中坞底板处	170
	横向应力	27.5	船中浮箱甲板处	170
	剪切应力	24.3	舷侧、纵舱壁	95

表 4.10 位移计算结果

工况	最大值竖向位移/cm	允许值/3%L
1	1.42	满足
2	3.59	满足
3	3.73	满足

在工况 1 的作用下，全坞和局部应力及变形云图如图 4.31(a)至图 4.31(d)所示。

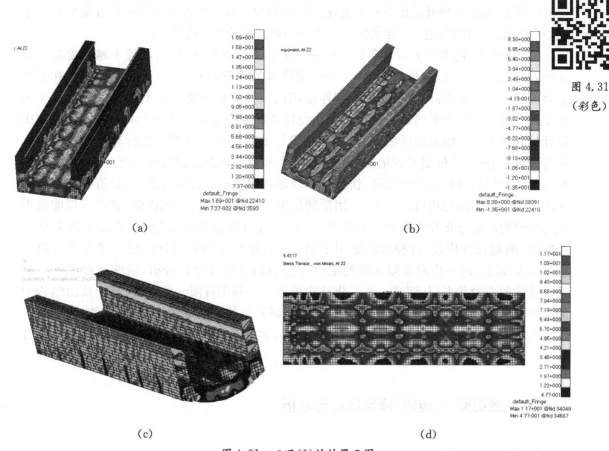

图 4.31 工况(1)的结果云图

(a) 全坞等效应力云图；(b) 横向应力云图；(c) 全坞垂向变形云图；(d) 坞底板相当应力云图

4.4.4 浮船坞横向强度的计算方法说明

曾经,浮船坞的横向强度一直是由设计人员根据规范进行人工计算得出的。规范计算能考察整个船体梁的强度水平,但对于结构承载后局部的高应力却无法清晰地把握。近几年随着有限元软件的发展,更新后的规范给出了有限元直接计算的方法,能从全局角度考核结构强度(纵向强度、横向强度),更凸显了有限元直接强度计算的重要性。对于浮船坞仍有如下几点需要进一步分析研究以指导实际情况的设计与建造。

(1)浮船坞在抬船作业过程中,进坞船刚被抬出水面时,载荷作用于坞中龙骨墩上,虽然在实际作业中重量分布和规范的假设有一定出入,但分布位置在浮船坞的坞中。在实船上,龙骨墩并不是连续的梁,而是每隔一档肋位安装在中纵舱壁上方,所以实际载荷不像有限元软件里施加的线载荷那样连续分布,而是由每个坞墩来传递载荷,有可能应力水平比有限元计算结果还会更高一些。这一问题是需要重视的,因此在浮船坞的结构设计中,尤其需要对坞中区域结构进行适当加强。

(2)浮船坞在分析过程中所施加的约束为一面坞墙下的三向位移约束,另一面坞墙下的两向位移约束。而在实际结构中,浮船坞船底板与舷侧直接接触水体,情况比较复杂,即使进行简化,也需要将其简化为面上的连续弹性约束。规范推荐的这种约束方法势必会造成船坞的设计"过度",造成一定的浪费。这一问题需要做更多的研究。

(3)近年来,随着世界航运业的发展和造船水平的提高,船舶尺度越来越朝着超大型化的方向发展,为了适应这一变化,作为船舶修理的基础配套设施,浮船坞的尺度和举升能力也随之增大和提高,大型与超大型浮船坞的设计与研制更是人们关注的焦点和未来的发展方向。因此规范的适用性仍然会是设计者需要持续关注的一个问题。因此在初次设计具有更大举升能力的浮船坞时,在规范设计的基础上对浮船坞进行有限元建模以及载荷计算和分析,能够更直观地获得结构的应力和变形以及详细分布情况。同时,如何在超大型浮船坞的结构设计中充分、快速且有效地利用有限元计算方法,也是值得探讨和研究的。①可以采用先粗后细的方法,用带筋板单元建立较粗的全坞模型,这样不仅能获得全坞结构的应力分布和大致的应力水平,而且能有效地简化计算模型,从而节约大量建模时间、缩短设计周期,这种方法适用于超大型浮船坞的初期设计阶段。②在全坞简化模型的基础上,进一步对有限元模型细化分析和局部强度计算分析,能够更详细地了解局部结构的应力状态,从而进一步优化结构设计。③利用有限元的方法,易于找出结构中的高应力区域,为结构设计优化提供依据,从而减轻坞体结构重量,实现更好的经济效益。这一点对于结构材料占造价比例较高的浮船坞,尤其是超大型浮船坞来说无疑显得非常重要。

4.5 散货船"三舱段"模型建模与分析

4.5.1 舱段计算模型

目前,各国船级社的直接计算法要求进行舱段有限元分析,并要求在舱段两端施加总纵弯矩与剪力。这种模型实质上是一种简化的整船分析模型,相当于梁的初参数法。舱段计算如图 4.32 所示。

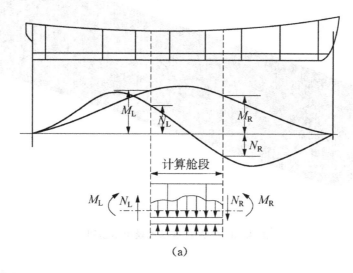

（a）

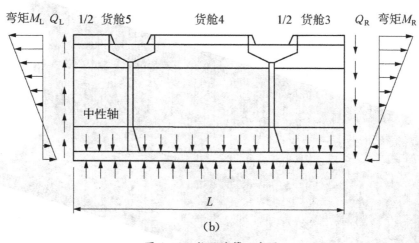

（b）

图 4.32　舱段计算示意图

（a）舱段计算模型；（b）在舱段两端施加弯矩和剪力

4.5.2　有限元模型的建立

1. 模型范围

按照规范的要求,一般应对船长大于和等于 190 m 的散装货船或结构超出规范规定的散装货船应进行直接计算。

利用三维有限元模型进行散装货船主要构件的强度直接计算时,为了减少边界条件的影响,建议分析范围为船中货舱区的"1/2 货舱＋1 货舱＋1/2 货舱",垂向范围为船体型深,如图 4.33 所示。一般来说,中间一个货舱的计算结果是可靠的,即只取模型中段(前后货舱各取 1/2 舱长)的计算结果进行评估。评估范围如图 4.34 所示。

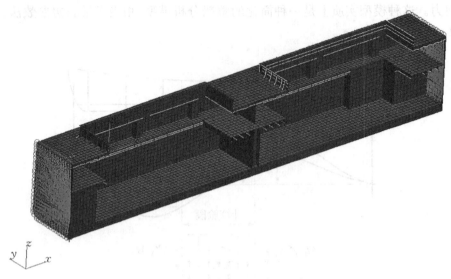

图 4.33 三舱段有限元模型示意图

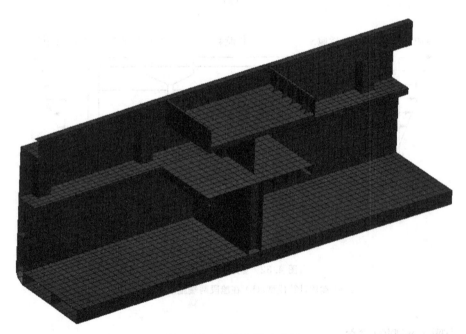

图 4.34 评估区域示意图

2. 边界条件

(1) 模型后端面保持平端面假设,在该剖面中和轴处建立一个独立点,端面上其他节点与独立点相关,在独立点上施加弯矩。

(2) 模型前端面保持平端面假设,在该剖面中和轴处建立一个独立点,端面上其他节点与独立点相关,在独立点上施加弯矩。

(3) 详细边界条件的设置可参照表 4.11。

表 4.11　工况说明(表中数据为某 12000 t 散货船的数据实例)

工况	名称	吃水	弯矩	装货量	货物密度 (t/m³)
1	轻压载工况	$d_a = 4.944\,\text{m}$	$Ms + Mw$	0	——
2	均质货物满载 (统舱装货)	$d_s = 9.20\,\text{m}$	$Ms + Mw$	10 980 t	0.667
3	均质货物满载 (上下两层舱分别装货)	$d_s = 9.20\,\text{m}$	$Ms + Mw$	10 980 t	0.667
4	重货工况	$d_a = 7.36\,\text{m}$	$Ms + Mw$	6 850	3.0

表中: M_S 为静水弯矩; M_W 为波浪弯矩; d_a 为对应工况的实际吃水; d_s 为设计结构吃水。

4.5.3　计算工况

1. 典型工况

参照中国船级社《散货船船体结构直接计算分析指南》有关要求,考虑该船的实际装载情况,计算工况选如下几种典型工况:轻压载工况、均质货物满载工况(又分为上下两层舱统舱装货和分别装货两种)、装载重货工况(模拟卷钢装载工况),如表 4.11 所示。

2. 舱内液体压力

舱内液体压力为

$$P = \rho_0 g (h + 2.5) \quad (\text{kN/m}^2) \tag{4.14}$$

式中, ρ_0 为舱内液体密度,t/m³; h 为舱顶到计算点的垂直距离,m; g 为重力加速度,取 9.8 m/s。

对于压载舱、燃油舱和柴油舱等液体载荷,在计算中均进行了真实的建模。以压载舱为例,在 case1(压载工况)中,计入压载水载荷列表 4.12 中的 z 为压载水的液面高度。

表 4.12　压载水载荷列表(图中数据为某 12000 t 散货船的数据实例)

舱室	舱顶高度 /m	载荷表达式(PCL)
WBT1(P&S)	1.4	mth_max(10.056e−3 * (3.900−'z/1000),0)
WBT2−4(C)	1.4	mth_max(10.056e−3 * (3.900−'z/1000),0)
WBT2−4(P&S)	8.8	mth_max(10.056e−3 * (11.3−'z/1000),0)
AHTP(P&S)	5.1	mth_max(10.056e−3 * (7.6−'z/1000),0)

其他液体舱的载荷类似,具体信息从略。

3. 舱内货物压力

1) 舱内散货压力

舱内散货压力按式(4.15)计算,即

$$P_i = 10\rho_c\left(1 + 0.35\frac{a_0}{C_b}\right)k_b h_d \text{(kN/m}^2) \tag{4.15}$$

式中，ρ_c 为舱内货物密度，t/m^3；h_d 为计算点到货物顶面的垂直距离，m；C_b 为方形系数；a_0 系数：

$$a_0 = \frac{3}{L}\left[10.75 - \left(\frac{300-L}{100}\right)^{1.5} + 0.067V\sqrt{L}\right] \quad 90\,\text{m} \leqslant L \leqslant 300\,\text{m} \tag{4.16}$$

$$= \frac{1}{L}\left[32.25 + 0.2V\sqrt{L}\right] \quad 300\,\text{m} \leqslant L \leqslant 350\,\text{m} \tag{4.17}$$

式中，L 为船长，m；V 为航速，kn。

K_b 系数：

$$K_b = \sin^2\alpha \, \text{tg}^2(45° - 0.5\delta) + \cos^2\alpha \tag{4.18}$$

式中，α 为板与水平面之间的夹角，如舱壁板、舷侧板 $\alpha = 90°$，内底板 $\alpha = 0°$；δ 为货物的休止角，因船舶装载货物种类为矿石和煤，取为 $35°$；一般取 $\alpha_0 = 0.512$。

2）装载重货压力

货舱装载重货时，货物顶面沿纵向均匀分布，沿横向质量分布为抛物线方程，即

$$z_s = h \times \left(1 - \frac{y_h^2}{b^2}\right) \tag{4.19}$$

式中，$b = B/2$，B 为船宽；y_h 为船宽方向坐标值。

货物顶面至连线的距离 h 计算式为

$$h = \frac{b}{2}\tan\delta \tag{4.20}$$

抛物线部分面积为

$$A = \frac{2}{3}b^2\tan\delta \tag{4.21}$$

货物顶面至计算点的垂直距离为

$$h_d = z_s + h_0 + h_{db} - z \tag{4.22}$$

式中，z_s 为货物顶面直连线的距离，m；h_0 为根据货舱的载货量、货物密度以及横剖面形状计算，不小于底边舱斜板顶点至内底板的距离，m；h_{db} 为双层底高度，m。

在本计算中，对均质货物工况[工况(2)、工况(3)]按货物满舱计，因此不考虑货物表面抛物线形状。对重货工况[工况(4)]按上述方法计算，但仅考虑下层货舱装货。

4. 舷外水压力

1）满载工况

舷外水压力由静水压力和波浪水动压力两部分组成：

基线处舷外水压力 P_b 为 $P_b = 10d_s + 1.5C_w \text{(kN/m}^2) \tag{4.23}$

水线处舷外水压力 P_w 为　　　　$P_w = 3C_w (\mathrm{kN/m^2})$ 　　　　　　　　　　　　(4.24)

舷侧顶端舷外水压力 P_s 为　　$P_s = 3P_0 (\mathrm{kN/m^2})$ 　　　　　　　　　　　　(4.25)

甲板上舷外水压力 P_d 为　　$P_d = 2.4P_0 (\mathrm{kN/m^2})$ 　　　　　　　　　　(4.26)

式(4.23)至式(4.26)中，d_s 为结构吃水，m；C_w 为波浪系数；p_0 为基准水压力，其计算公式为

$$P_0 = C_w - 0.67(D - d_s)\tag{4.27}$$

其中

$$C_w = 10.75 - \left(\frac{300-L}{100}\right)^{1.5} \quad 90\,\mathrm{m} \leqslant L \leqslant 300\,\mathrm{m};$$

$$C_w = 10.75 \quad 300\,\mathrm{m} \leqslant L \leqslant 350\,\mathrm{m};$$

$$C_w = 10.75 - \left(\frac{L-350}{150}\right)^{1.5} \quad 350\,\mathrm{m} \leqslant L \leqslant 500\,\mathrm{m}$$

2）其他状态

基线处舷外水压力 p_B 为

$$P_B = 10d_a (\mathrm{kN/m^2})\tag{4.28}$$

水线处舷外水压力 P_w 为

$$P_w = 0.0 (\mathrm{kN/m^2})\tag{4.29}$$

式中，d_a 为对应装载工况下的实际吃水，m。

利用以上公式，得出各工况舷外水压力的表达式。

5. 端面弯矩

施加于端面的弯矩由静水弯矩 M_S、波浪弯矩 M_W 以及附加弯矩 M_V 三部分组成。由于计算工况取自装载手册中的典型工况，静水弯矩均取自相应的总纵强度计算结果。因此不必按指南进行端部弯矩修正。

1）静水弯矩

静水弯矩 M_S 由《装载手册》查取，数值取对应装载状态中的最大值（中拱或中垂）。

2）波浪弯矩

波浪弯矩 M_W 按以下公式计算，即

$$M_W(+) = 190MCL^2BC_b \cdot 10^{-3}$$

$$M_W(-) = -110MCL^2B(C_b + 0.7) \cdot 10^{-3}$$

式中，$C_w = 10.75 - \left(\frac{300-L}{100}\right)^{1.5} (90\,\mathrm{m} \leqslant L \leqslant 300\,\mathrm{m})$；$M$ 为弯矩分布系数（按《钢规》选取）；L、B 和 C_b 分别为船长、船宽和方形系数。

6. 各工况计算结果

各装载工况下静水弯矩和波浪弯矩如表 4.13 所示。

表 4.13 某 12000 t 散货船工况数据实例

工况	M_S	M_W	M
	kN·m	kN·m	kN·m
工况(1)	2.067539e+05	1.24478e+05	3.31232e+05
工况(2)	−1.23368e+05	−1.34484e+05	−2.57852e+05
工况(3)	−1.23368e+05	−1.34484e+05	−2.57852e+05
工况(4)	62122.2	1.24478e+05	1.866e+05

4.5.4 结果校核和显示

根据应力衡准,对结构进行分组评估,如表 4.14 所示。

表 4.14 应力衡准

组序号	衡准	包含结构
1	$\sigma_e/235$	船底纵桁
2	$\sigma_e/220$	甲板、内外底、内壳、舷侧
3	$\sigma_e/195$	横框架
4	$\sigma_e/175$	肋板、横舱壁
5	$\sigma_1/210$	甲板、内外底、内壳、舷侧、船底纵桁
6	$\sigma_y/145$	内外底
7	$\sigma_x/145$	内壳、舷侧
8	$\tau/115$	内壳、舷侧、船底纵桁
9	$\tau/95$	肋板
10	$\sigma_a/206$	纵向梁
11	$\sigma_a/176$	横向梁

图 4.35
(彩色)

参照表 4.14 所列标准,对模型对应部位的应力与之比较,并进行校核。核对后进行分析和总结,并将结果以云图形式表现出来。图 4.35(a)至图 4.35(b)是某 12000 t 散货船结构在工况(1)条件下的一组应力云图。

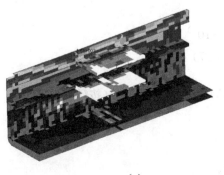

(a)

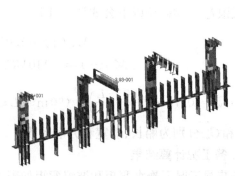

(b)

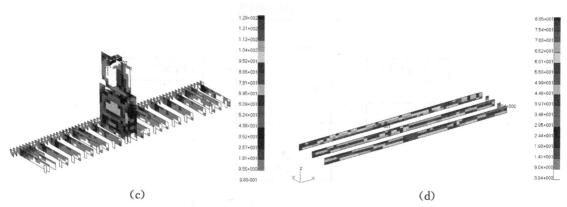

$$(c) \qquad\qquad\qquad (d)$$

图 4.35　某 12 000 t 散货船结构在工况(1)时的一组应力云图

(a) 甲板、内外底、内壳、舷侧应力云图；(b) 横框架应力云图；

(c) 肋板横舱壁应力云图；(d) 船底纵桁应力云图

4.6　全船有限元建模与分析

全船结构强度有限元直接计算方法是精度更高的一种方法,对全船结构的主要构件建立全船的三维有限元模型,有助于更为合理地定义和描述船舶所受到的各种载荷,尽可能详细地描述船体结构的各个构造细节以及各种构件之间的相互影响,有利于对船体结构响应进行更为合理的评估。这种方法把船舶结构力学、有限元方法和计算机技术有机地结合起来,已成为现代船舶结构设计及计算技术中的有力手段。

4.6.1　全船有限元模型的应用

全船有限元模型不仅可以提供全船有限元分析,还可以给振动及噪声计算提供模型支持。全船有限元分析的目的如下:

(1) 评估船舶总体强度。

(2) 为局部结构细化应力分析提供边界条件,如机舱前端甲板开口角隅的详细应力分析(包括舱口围板的上甲板开口角隅的详细应力分析)。

(3) 对局部结构非常规布置区域的详细分析提供边界条件。在总体强度分析后,从整理结构中取出需要细化部分的结构,用细网格进行有限元二次解析,这是一种经济的分析技术。细化部分结构的边界条件为整体分析时得到的边界上的节点位移。

模型经过限元软件的分析,可以得到以下几种结果:

(1) 全船分析的计算结果。

(2) 主要构件应力数值结果。

(3) 变形的数据结果。

(4) 结构变形图及纵向应力与相当应力云图。

210 000 DWT 单壳散货船有限元直接计算的流程如图 4.36 所示。

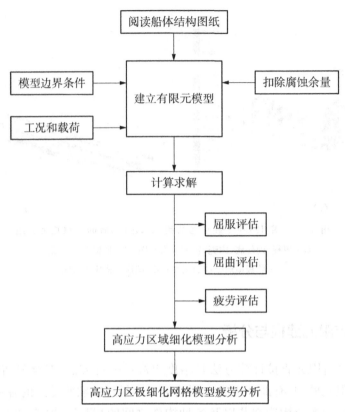

图 4.36 210 000 DWT 单壳散货船有限元直接计算的流程

4.6.2 全船有限元计算模型

1. 模型范围

全船三维有限元模型涵盖船长、船宽的船体结构,包括左右舷、船体舯段、首尾、机舱及上层建筑内的纵向受力构件,如甲板、舷侧、纵舱壁、双层底结构。此外,模型还包含横向主要结构,如横舱壁、肋骨框架和横向甲板条等。

对于局部支撑构件,如肘板等不计入模型中,桁材、肘板的开孔忽略不计。当结构及载荷为左右对称时,整船模型可只计入左舷(或右舷),并在中纵剖面施加对称条件。对于大开口船舶,若需要考虑扭转时取整船模型计算。

2. 单元范围

根据结构的实际受力状态,将模型中的各类结构按建造厚度离散为下列几种类型:

(1) 壳元(四节点和三节点单元):甲板、舷侧外板及船底板、内底板、船底纵桁、纵舱壁及横舱壁、肋板、边舱腹板、舷侧纵桁等。

(2) 梁元:纵桁、横梁及水密舱壁扶强材等。

(3) 杆元:支柱、强构件的面板等。纵桁、强框架等用壳元还是用梁元一般视 h/L 是否小于等于 1/10 来决定。若 $h/L \leqslant 1/10$,一般采用梁元;若 $h/L > 1/10$,一般采用壳元。

3. 单元网格尺寸控制

单元网格尺寸从 3 个方面进行控制:①纵向,双层底肋板间距为一个单元;②横向,纵桁间距为一个单元;③垂向,垂向桁材或甲板间距为一个单元。

在进行整船有限元分析时,网格尺寸应选取强构件的间距,这相较于舱段分析时取骨材间距更大。否则,整船分析的规模将过于庞大。船中部区域单元的长宽比约可控制在 1:3,其他部位则可控制在 1:2 左右。

4. 板材上的小骨材

板材上的小骨材可以合并归入板单元网格边界,转化为等效梁元,其截面积为合并的骨材面积之和,且其剖面特性需计入等效梁与板连接的偏置。

5. 边界条件

全船整体分析边界条件如图 4.37 所示。CCS《集装箱船结构强度直接计算指南》(2005)规定整体分析的边界条件如下:

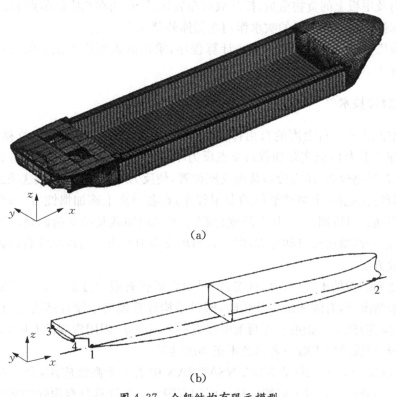

(a)

(b)

图 4.37　全船结构有限元模型

(a)船体模型;(b)边界条件设置

(1) 在尾端节点 1:$\delta_y = 0$。

(2) 尾封板距中纵剖面距离相等的左(节点 3)、右(节点 4)约束:$\delta_z = 0$。

(3) 首尾节点 2 约束:$\delta_x = \delta_y = \delta_z = 0$。

上述边界条件约束了船舶在空间的 6 个自由度,即排除了刚体位移,所以可以进行总纵弯曲变形和应力计算。对于大开口集装箱船,在斜浪中同时发生弯曲与扭转变形,并伴随着水平位移,此边界条件限制了船体的扭转与水平位移,所以对集装箱船弯扭计算是不妥的。

船舶是漂浮在水中的自由体,在重力、浮力及惯性力作用下处于平衡状态,施加任何约束都会影响到其变形状态。如果采用惯性释放方法,结构的惯性质量被用来抵抗施加的载荷,结构虽然无约束,但处于平衡状态,模型的刚度矩阵不发生奇异,可以不施加任何约束进行静力分析。目前 CCS 的直接计算标准中未规定此方法。

6. 载荷的分类

载荷可分为以下几类:

(1) 空船重量在有限元模型中,可将全船有限元模型沿纵向按空船重量分布曲线分成一系列区域,用控制不同的材料密度系数来实现。机器重量按其所处的区域以节点力的形式作用在对应的结构上。其他一些次要的设备引入,归入到材料密度,作用在不同的区域节点上。

(2) 舱内及甲板上的货物重量,按其载荷布置区域,作用在相应的节点上。

(3) 外部静水压力按工况的吹水作用在船体外部湿表面上。

(4) 波浪压力用二维切片理论方法计算程序,求得湿表面积单元上的波动压力施加于船体外壳单元上。

4.6.3 惯性释放技术

船舶在空间为 6 个自由度的自由体,施加的边界条件是为排除刚体位移设置的约束。约束点反力理论上为 0,但实际加载后支点反力不可能达到 0 值,这就需要进行调整。调整空船质量分布、货物分布、浮力分布甚至支座位置,使反力尽量减小,显然这项工作时是很繁重的,一般都自行编制一个调整平衡的专用程序:在各节点上施加惯性力,与全船有限元模型外力动态平衡。可以用 CCS 开发的软件程序来实现加载及动平衡调整。如果采用惯性释放的方法,这一调整过程自动完成,惯性力与虚支座力平衡。所以推荐自由体的静力计算采用惯性释放方法。

航行的船舶结构处于"全自由"状态,但是对它进行有限元分析计算时不能处理为全自由结构。一般情况下,有限元精力分析时,假设结构计算模型中没有结构,而且不允许有刚体运动(自由应变)模态。如果上述两条中任意一个不成立,则用常规的有限元方法分析时,刚度矩阵奇异,导致求解失败或者得到不正确的结果。

惯性释放(Inertia Relief)是 MSC. NSATRAN 中的一个高级应用,允许对完全无约束的结构进行应力分析。它对于船舶结构强度的有限元直接计算具有很强的实际意义。理论上说,如果结构上作用有一个自平衡的力系或者作用(如温度载荷或电磁载荷等),则结构即使是完全不受约束的全自由结构,也会产生应力;另一方面,此时在结构上任意一点进行约束,得到的反力应该等于 0。

惯性释放,即是用结构的惯性(质量)力来平衡外力,也就是说,尽管结构没有约束,分析时仍假设其处于一种"静态"的平衡状态。采用惯性释放功能进行静力分析时,只需要对一个节点进行 6 个自由度的约束(虚支座),针对该支座,程序首先计算在外力作用下每个节点在每个方向上的加速度,然后将加速度转化为惯性力反向施加到每个节点上,由此构造一个平衡的力系(支座反力等于 0)。求解得到的位移描述所有节点相对于该支座的相对运动。

在 Patran 建模软件中,惯性释放具体设置如图 4.38 所示。

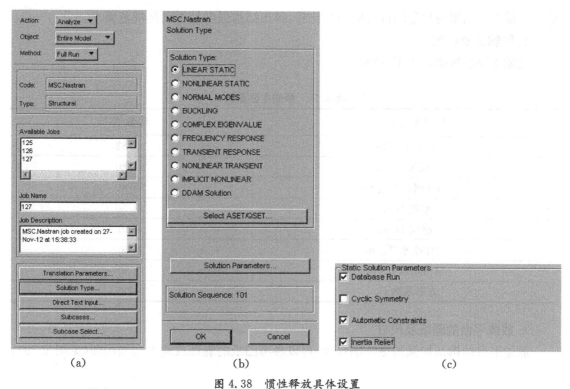

图 4.38　惯性释放具体设置

(a) 惯性释放设置图示 1；(b) 惯性释放设置图示 2；(c) 惯性释放设置图示 3

单击 Analysis 图标，出现图 4.38(a)所示菜单，单击菜单下方 Solution Type... 菜单键，弹出图 4.38(b)所示的对话框，选择其中的 Solution Parameters... 菜单键，弹出图 4.38(c)所示的对话框，勾选第 4 项 Inertia Reliet，即是实现惯性释放的功能。

4.7　结构改造的建模与分析

本节介绍"东方二号"勘探船艉部放缆平台结构及加强有限元计算分析的全部过程，并形成完整的计算报告，可为工程计算提供参考。

4.7.1　说明

本船基于实际使用需要，在艉部加设一个放缆平台。该平台的长度为 4 m，宽度为 9.7 m，平台板高度为 5.3 m，与主甲板对齐。平台重量约为 4.1 t。放缆平台上的周围设类似舷墙的围板，围板两端固定在船体艉部舷墙上；放缆平台下是纵骨架式，主要采用纵桁支撑，纵桁的一端固定在艉封板上。

本报告按照中国船级社《钢质海船入级规范》(2023)相关条款的要求，对放缆平台及其支撑结构进行强度分析。基于该平台外部没有外板，为非封闭式的结构，不能视作严格意义上的悬臂梁结构，所以采用有限元分析的方法直接计算，并参考规范施加载荷，得出计算结果。最终将结果与规范的许可应力相比较,得出结构强度是否满足规范要求。

1. 船舶主要参数

船舶主要参数如表 4.15 所示。

表 4.15　船舶主要参数

参数名称	参数值
总长 L_{oa}/m	65.82
水线长 L_{wl}/m	61.80
两柱间长 L_{bp}/m	58.40
型宽 B/m	13.80
型深 D/m	5.10
设计吃水 T_d/m	3.50
结构吃水 d_s/m	3.80
方形系数 C_b	0.735

2. 放缆平台的图纸及尺寸

放缆平台结构及加强的更详细尺寸,可以参考图纸的艉部放缆平台结构图(见图 4.39)。

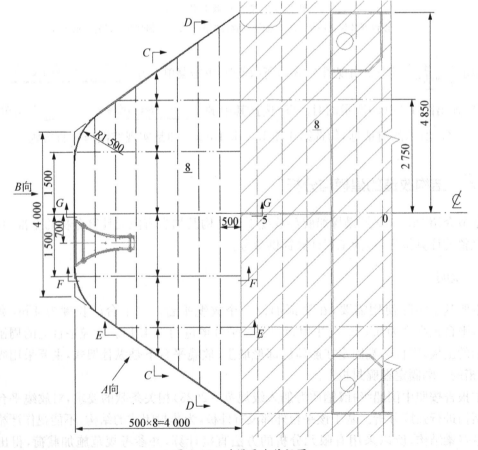

图 4.39　放缆平台俯视图

4.7.2　有限元建模分析

采用 PATRAN/NASTRAN 软件(2005)对放缆平台及支撑结构进行线弹性强度计算分析。

1. 模型范围

纵向:沿 x 轴反方向、距离艉封板 4 m 处至 FR1 肋位处。

横向:左舷边线至右舷边线。

垂向:从底部外板至距主甲板高 4 m 处。

2. 坐标系设置

模型总体坐标系的原点位于横剖面 FR－5－400,主甲板上表面与船宽中线的交点处。其中,x 轴沿船体纵向指向船艏;y 轴沿船宽方向指向左舷侧;z 轴沿船体垂向指向首楼甲板。

3. 结构模拟

按照本平台的各构件设计尺寸、板厚、截面等,建立结构的三维有限元模型。

模型中采用了以下几种单元:

板壳(shell)单元:模拟放缆平台甲板、围墙、桁材、强横梁的腹板、肘板等。板壳单元大多采用四边形单元,在连接或变化较大处采用少量三角形单元过渡。有限元网络的划分采用 200～300 mm 尺寸单元。

梁(bar)单元:围墙顶端角钢面板(球钢)、围墙开口加强球钢、桁材、强横梁的面板等。

模型中对船艏部结构进行了适当的简化,如忽略小肘板、甲板、平台和舱壁上的开孔。这些简化主要是基于对结果的极小影响,如远离受力区域的肘板、尺寸较小的通焊孔、流水孔等。

有限元模型如本节附录 4.7.6 所示。

4. 单位及材料属性

单位及材料属性的计算取值可以参考表 4.16。

表 4.16　计算所取的单位及材料属性

单位	长度	质量	力	材料属性	弹性模量 E	泊松比 μ	密度 ρ
	mm	t	N		206 000 N/mm^2	0.3	7.85×10^{-9} t/mm^3

5. 边界条件

边界条件的计算取值可以参考表 4.17。

表 4.17　计算所取的边界条件

位置	线位移			角位移		
	δ_x	δ_y	δ_z	θ_x	θ_y	θ_z
端部与船尾连接处	约束	约束	约束			
艉部舷墙	约束	约束	约束			

6. 工况

1) 工况 1:平台结构受拖索破断拉力的工况

根据中国船级社《钢质海船入级规范》(2023)第 2 篇第 3 章第 6 节的规定,作如下考虑:

Ⅰ 根据§3.6.1.2 和§3.6.6 的相关规定,对船体支撑结构取腐蚀增量为 2,模型的厚度采用净厚度表示,即

$$净厚度\ t_{net} = t_{total} - 2$$

Ⅱ 根据§3.6.3.3(2)的相关规定取拖索的公称破断强度为加载载荷。

$$即取\ F = 237.8\,kN$$

力作用点为拖索伸出线与平台边缘的相交点,即喇叭口在平台端部的附着点。校核三个方向,分别为与船首反向的水平方向,绕力作用点逆时针转 45°的方向,以及垂直向下的方向,如图 4.40 所示。

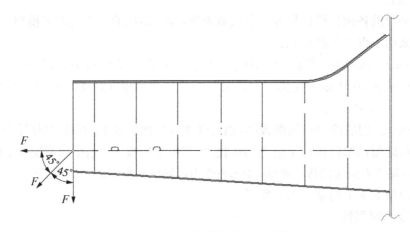

图 4.40 破断拉力作用示意图

2) 工况 2:平台结构受规定水压头的工况

根据中国船级社《钢质海船入级规范》(2023)第 2 篇第 3 章第 7 节的规定,作如下考虑:

Ⅰ 根据§3.7.4.11 和§3.7.2.5 的相关规定,对模型中的构件取建造厚度。

Ⅱ 根据§3.7.4.10(4)的规定和《钢质海船入级规范》(2023)第 2 篇第 8 节§2.8.1.1 的计算要求,对距离艉垂线 0.15L 以后的露天甲板取计算压头为 h_0,h_0 的计算值为

$$h_0 = 1.20 + \frac{2}{1000}\left(\frac{100 + 3L}{D - d} - 150\right) = 1.323\,m$$

对应的面压强大小为

$$P = \rho g h_0 = 0.013\,N/mm^2$$

加载载荷为

$$P_1 = 1.5P = 0.0196\,N/mm^2$$

方向为垂直平台向下。

3）工况 3：辅助 VSO-Ⅱ系统浮体设备的收放

通过"喇叭口"电缆拖拽的传感器为一浮体设备。该浮体重量为 2.5 t，直径为 2.1 m，有四个支撑脚，主体为圆筒形结构。浮体在下水的过程中，需要放置到放缆平台上作为过渡，再放入水中。需要放置的浮体可能有两个。

对于该浮体对放缆平台产生的作用，作如下考虑：

由于浮体吊放在放缆平台位置的不确定性，所以只分析其可能产生的最危险情况，在偏保守考虑的情况下，做简化处理。所以将承受浮体重量的 4 个支撑脚视作 4 个集中力作用于放缆平台上，实际每个支撑脚在 750 mm 左右。同时放置两个时，考虑浮筒的实际大小，两个浮筒的支撑脚最近距离将大于 1 050 mm。考虑摆放的多样性和计算的可行性，取 750 mm×700 mm 的区域替代浮筒，并罗列可能的排列组合数。为了安全考虑，同时放置 4 个浮筒，且距离舭部固定端较远处摆放。如图 4.41 所示。

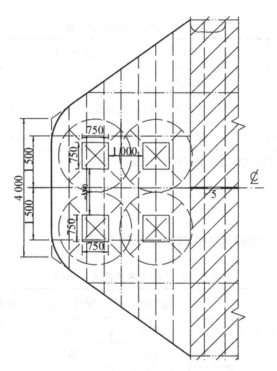

图 4.41　两个浮体集中力作用位置示意图

根据中国船级社《钢质海船入级规范》(2023)第 2 篇第 3 章第 7 节的规定，作如下考虑：

(1) 根据 §3.7.3.11 和 §3.7.2.5 的相关规定，对模型中的构件取建造厚度。

(2) 每个浮筒每个支撑脚代表的集中力 F 为

$$F = 2.5 \times 9.81/4 = 6.131\,25\,(\text{kN})$$

根据 §3.7.3.10(4) 的规定，需要施加的集中力 F_1 为

$$F_1 = 1.5F \approx 9.2\,(\text{kN})$$

4.7.3 应力许用值标准

根据第 2 篇第 3 章§3.6.3.5 和§3.7.2.7,工况 1 对应的许用应力如表 4.18 所示。

表 4.18 规定的许用应力值　　　　　　　　　　　　单位:N/mm²

构件类型	许 用 应 力
梁/交叉梁系	正应力:$[\sigma] = 1.00R_{eH} = 1 * 235 = 235$
	剪应力:$[\sigma] = 0.6R_{eH} = 0.6 * 235 = 141$
板元	相当应力:$[\sigma_e] = 1.00R_{eH} = 1 * 235 = 235$

R_{eH}:材料屈服强度,N/mm²;该船体所用钢材的材料屈服强度为 235 N/mm²。

根据第 2 篇第 3 章§3.7.4.12,工况 2 和工况 3 对应的许用应力如表 4.19 所示。

表 4.19 规定的许用应力值　　　　　　　　　　　　单位:N/mm²

构件类型	许 用 应 力
梁/交叉梁系	正应力:$[\sigma] = 0.67R_{eH} = 0.67 * 235 = 157.45$
	剪应力:$[\sigma] = 0.39R_{eH} = 0.39 * 235 = 91.65$
板元	相当应力:$[\sigma_e] = 0.8R_{eH} = 0.8 * 235 = 188$

R_{eH}:材料屈服强度,N/mm²;该船体所用钢材的材料屈服强度为 235 N/mm²。

4.7.4 分析结果

3 种工况的最大应力值的具体数据如表 4.20 所示。

表 4.20 3 种工况的最大应力值　　　　　　　　　　单位:N/mm²

工况		相当应力	梁正应力	梁剪应力	结果
1. 受拖索破断拉力工况	A. 垂直方向	205	153	79.7	满足要求
	B. 45°方向	150	109	45.8	满足要求
	C. 水平方向	101	60	14.9	满足要求
2. 受规定水压头的工况		111	91.3	56.3	满足要求
3. 浮体设备的收放	A	52	75.3	34.5	满足要求
	B	51	77	34.8	满足要求
	C	49.8	76.1	35.1	满足要求
	D	48	77.2	35.1	满足要求
	E	42.6	87.8	43.3	满足要求

*第 3 种工况共校核 5 种组合。

4.7.5　结论

　　由分析结果可知,艉部放缆平台及支撑结构满足 CCS《钢质海船入级规范》(2023)的要求。

有限元模型图及
计算结果的云图

第 5 章　船体结构振动的有限元分析

5.1　船体振动的影响

振动是一种往复运动的现象。当船舶在海上航行时,船体结构不可避免地会出现振动现象,常见的振动现象有船体梁、上层建筑和尾部的振动,板格、板架、桅杆和机舱等的振动,推进轴系的振动以及机架和机械设备的振动等。过大的船体振动一般是有害的,其危害主要包括以下几个方面:

(1) 会导致船体结构和机械部件出现疲劳破坏。

(2) 会影响船上的机器、设备和仪表的正常运转,降低其使用精度,缩短使用寿命。

(3) 船体振动以及由此引起的舱室噪声也影响船员的居住舒适性和正常工作。当人们长期处于振动的环境中会产生疲劳,影响船员的工作效率,甚至危及身体健康。

(4) 结构振动的辐射噪声又会严重削弱舰船的隐身性能。

引起船体振动的因素很多,但最主要的是船体及局部结构在主机、螺旋桨产生的周期性激振力,以及舰船附体所产生的一些在流体激励作用下的稳态振动。船用辅机等设备也会产生一些激振力,但一般情况下,其数值不大,只会引起局部结构的振动。此外,波浪冲击、水下爆炸冲击波、火炮发射时的后坐力和抛锚等引起的激振力也会导致船体的振动,但它们是非周期性的,而且对船体的作用时间极短,只会引起船体的衰减振动。

近年来,关于船体振动的研究在国内外得到了迅速的发展,得到越来越多的关注。随着计算机技术的进步,大大提高了分析复杂结构振动的能力。但是,由于船体结构极为复杂,船舶漂浮于水面上,与水流相互影响,并且船上又装有各种机器设备、油、水、货物等,因此要精确地分析船体振动仍是很困难的。只有在实验和理论分析的基础上,把握船体振动的物理本质,建立一个合理的力学模型或可供计算的数学模型,然后进行计算,使计算结果符合工程上的精度要求。

5.2　船体振动的基础知识

5.2.1　船体振动的分类

船舶是漂浮在水上的一种复杂弹性结构,在其受到干扰产生振动时,又会受到周围水的影响,因此船体的振动是非常复杂的。人们为研究方便,通常将船体振动分为总振动与局部振动两大类。总振动是指将船体视为一个整体的船舶总体振动;而局部振动是指组成船舶的各个局部结构构件或部件的振动,如梁、板、板架、桅杆、螺旋桨、轴包架、轴支架等的振动。实际上,这两类振动往往是同时存在且互相耦合的,但在一定条件下,可不考虑两者的耦合,而单独地进行分析。

　　船体振动与其他振动一样,按不同的受力情况,可分为自由振动和强迫振动两种。船体振动所受到的力有激振力、弹性恢复力、惯性力和阻尼力。阻尼力的数值相对较小,对低频振动的主振动形式与频率影响不大,故可当作无阻尼振动考虑。对高谐调(主坐标下固有频率的阶数)阻尼影响扩大,需考虑阻尼的影响。特别在共振时,不论谐调高低,阻尼力有减低动力放大因数的作用,因而必须考虑在内。船体所受的激振力有周期性和非周期性两种。周期性激振力(如由主机或螺旋桨引起的激振力)能使船体产生的周期性振动是讨论的主要内容;非周期性激振力亦能使船体产生振动,但其振动性质不稳定,如船舶在不规则波浪中的振动,由于波浪外力的随机性质,因此其振动规律不能用简单的函数表示,只能用概率和统计的方法描述其数量规律。这种在任何未来时刻表征振动物理量的瞬时值不能预先精确地加以判断的非周期性的持续振动称为随机振动。但当波浪的遭遇频率与船舶的垂向首阶固有频率相等或相近时,会出现由波浪对船体的非冲击性水动力作用引起的全船稳态垂向两节点振动(高谐振动阻尼大,消逝快),这种振动称为波激振动(也就是上面说的自由振动),又称为弹振。此外,浪击振动(又称击振)也是一种非周期性振动,它是船体受波浪冲击而出现的弯曲振动现象,由于阻尼的作用而将逐渐消失。

5.2.2　船体振动的形式

　　船体梁的总振动也与普通弹性梁一样,它的振动形式也包括横向弯曲振动、纵向振动及扭转振动等,由于船体梁可以在垂直和平行于水平面的两个平面内产生弯曲振动,因此又可把横向弯曲振动分为垂向和水平两种弯曲振动。严格地说,这四种形式的船体总振动,只有当船体每个横剖面的重心与船体纵向构件横剖面形心的连线是同一根直线时,才可能单独出现上述形式的总振动。但由于船体纵向振动一般都不重要,因此也可认为垂向振动与纵向振动互相独立。同样,由于弯曲中心和剪切中心不在同一点上,而使水平振动与扭转振动耦合,但如果不是大开口船并且两种形式振动的固有频率相差一定的数值,那么它们之间的耦合作用亦较弱,因而也可认为水平振动与扭转振动是互相独立的。

5.2.3　船体振动的频率

　　弹性梁的振动是无限自由度系统的振动,船体作为一个弹性体,也具有无限多个自由度,它的总振动可分解为无限个主振动的组合,有无限多个固有频率和固有振型。船体的主振型可用函数或表格形式表示,它具有正交性。当各主振动函数已知时,可将船体振动作为无限个单自由度系统振动的叠加来处理,其中每个单自由度系统均可用具有某一等效质量和等效刚度的简单体系来代替。船体总振动也存在着节点,我们把船体总振动时振幅为零的横截面称为节点,各主振动的振型和节点如图 5.1 所示。由于船体自由漂浮在水面,两端完全自由,因此对垂向和水平振动第一谐调两节点、第二谐调三节点、第三谐调四节点……

的主振动。对纵向和扭转振动则有第一谐调两节点、第二谐调三节点、第三谐调四节点……
的主振动。其相应的固有频率称为第一谐调固有频率(又称基频)、第二谐调固有频率……
在这无穷多个固有频率和固有振型中,只有最初几阶才有实际意义。

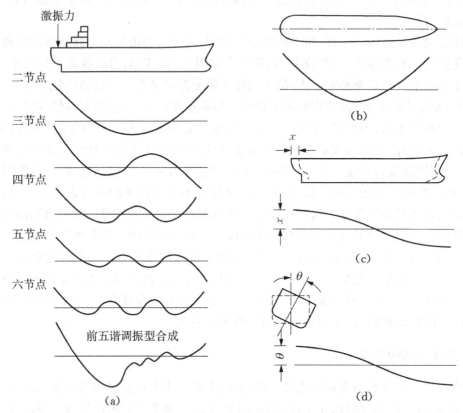

图 5.1　各主振动的振型和节点
(a) 垂向振动;(b) 水平振动;(c) 纵向振动;(d) 扭转振动

　　这些主振动在某些特定条件下可以相互独立地发生,并具有不同的振幅和相位。通常
情况下,船体振动是这些主振动的叠加,它不一定是周期性的,也可能没有任何固定的振动
形式,但如果某一谐调的船体主振动相当大,它的振幅比其他主振动的振幅大得多。那么船
体振动将近似地按该主振动所固有的频率和形式来振动。

　　主振形和主频率是由船体本身的性质决定的,即是由船体刚性与船舶质量分布的情况
决定的,与初始条件和激振力大小无关。

　　如果在船体上作用了任何周期性外力,则在任何时刻任意点上的总位移是强迫振动和
自由振动的合成。自由振动由于阻尼的作用而很快地衰减了,最后只剩下频率等于激振力
频率的强迫振动项。强迫振动的振幅不仅与激振力的幅值及系统的刚度有关,而且也和激
振力的频率与系统的固有频率的比值有关。强迫振动振型取决于这种频率关系及船体振动
时的阻尼数值。

　　加入激振力或激振力矩的频率与船体振动的某一固有频率相等时,船体将发生共振。

　　图 5.2 是某船受到振幅不变的垂向简谐激振力作用时,实测得到的幅频响应曲线。由

图可见,随激振频率降低,船体振动幅值升高,当激振力频率等于船体梁的某一谐调固有频率时,其幅值首次达到最大值,此时船舶强迫振动形状很接近船体梁的第一振型而发生首阶共振。当激振力频率继续增长时,通常船体的响应开始很快减小,以后又逐渐增大。

当激振力频率等于第二阶固有频率时,振幅会达到第二个极值点,导致第二阶共振。随后可能出现第三阶、第四阶共振等,依次出现峰谷现象。从图中还可看出,第一阶共振时,峰值最高且曲线很陡,随着阶数的增加,共振时激振力幅值会减小。因为低阶共振幅值较大,因此应特别注意避免低阶共振。此外,激振力可能会同时激起各个谐调的固有振动。这时各谐调的主振型按一定

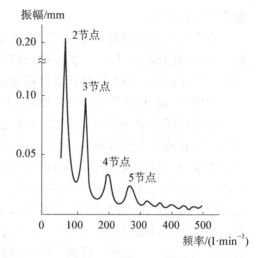

图 5.2　某船幅频响应曲线

的比例互相叠加在一起。若激振力作用在某主振动的节点,或激振力矩作用在主振型的腹点,就不太可能激起该谐调的振动。

在非共振时,由于主机和螺旋桨所产生的激振力与船体的质量和刚度相比时较小,因此由主机和螺旋桨等激振力所引起的微幅总振动,一般不会产生很大的动弯曲应力,在计算船体总纵弯曲应力时可不考虑它所带来的影响。但当发生共振,特别是低谐调共振时,其动弯曲应力可能会很大,有可能造成船体结构的疲劳损伤,这时必须考虑它的影响。当船体总振动振幅较大时,还会影响船上设备、仪表的正常工作,并影响船员和旅客的舒适性。全船性的振动影响面较广,所以必须引起人们的重视。

上述讨论都是将船体视作船体梁来对待的,实际上,当振动阶数上升,振动频率较高时,船体总振动会与梁的性质发生越来越大的差异,即使是自由振动的固有频率和固有振型分析,也需要考虑到这种变化。因而近些年来,又提出了关于船体总振动形态和性质的新的划分方法。这种方法是将振动按其形态划分为以下三类:

(1) 似梁振动,即船体总振动形态类似于简单的非棱柱形自由梁(船体梁)的振动。

(2) 微弱的非梁振动,即船体总振动形态基本类似于船体梁的振动,但由于双层底、船侧板和甲板的参与振动而使形态稍有畸变。

(3) 复杂结构振动形态。

由于船长远大于船体的横剖面尺寸,一般当船体做低阶振动时,船体可以作为船体梁来处理。船体梁总振动固有频率的计算是船体总振动计算中最基本内容。

船体除了总振动外,同时还伴随着各种局部振动。按其振动的形态可分为如下 3 种:

(1) 垂向振动——平行于垂向轴的直线振动。

(2) 横向振动——平行于左右方向的水平振动。

(3) 纵向振动——平行于艏尾方向的水平振动。

其中横向振动又常称为水平振动。对实船而言,最主要的是垂向振动,而轴系、桅杆、大功率推(拖)船的驾驶甲板,甲板室及上层建筑内的某些刚度很小的横围壁等局部结构还可

能产生纵向振动。

在研究船体局部振动时,首先,要确定这部分结构的范围和它的边界条件,然后,再考虑它与总振动的耦合作用。一般来说,对质量相对较小、频率相对较高,则可不考虑与总振动的耦合作用;反之,如上层建筑及尾机船的尾立体分段,则应考虑与总振动的耦合作用。对于一般的梁、板、板架等振动的计算,则主要考虑上层建筑振动及尾部振动的一般情况。

在现代船舶中,尾机型船已越来越成为各种用途船舶所采用的主要形式。这样一方面导致上层建筑离主要振源(螺旋桨、主机)较近;另一方面为了使驾驶室有较好的视线,一般又都要增加上层建筑的高度,而这样就使上层建筑的固有频率降低。因此上层建筑发生共振的可能性大为增加,从而给船员的工作和生活带来了很大的影响,目前上层建筑的振动也越来越引起人们的重视。上层建筑的振动一般也有垂向振动、水平横向振动和纵向振动等形式,其中最常见的是纵向振动。而且对于层数较多的上层建筑,相当于悬臂梁,其纵向振动将较大。图 5.3 表示了建筑纵向振动的各组成部分:图 5.3(a)表示由于船体垂向振动和纵向振动所产生的上层建筑的刚体振动;图 5.3(b)表示悬桁梁上层建筑的弯曲及上层建筑各层之间的剪切而引起的上层建筑变形;图 5.3(c) 表示支撑结构的塑性变形,故总振幅为各分量的矢量和。严重的振动可能来源于船体共振(纵向或垂向),这时刚体运动形成振幅的大部分,或来源于上层建筑的共振,这时弹性变形占主要比重。由于上层建筑对船体的弹性质量效应引起了两种振型:一种是上层建筑和船体振动同相位的振型;另一种是不同相位的振型,视激振力频率小于或大于上层建筑的固有频率而定。若 $\gamma < 1$,位移和激振力同相(差一相位角 θ);若 $\gamma > 1$,则相位相反。

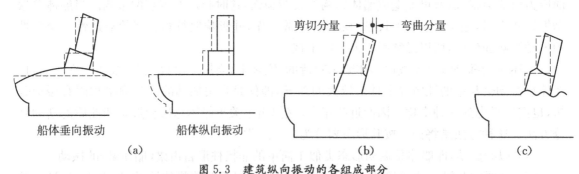

图 5.3　建筑纵向振动的各组成部分
(a) 上层建筑的刚体振动;(b) 悬臂梁的特性;(c) 支撑结构的弹性特性

船艉部振动体系指整个艉分段与艉楼的振动。目前大型海船多采用艉机型与艉桥楼结构,此时主机、螺旋桨、轴系等振源集中于此,而人员、设备等也皆于此,加上艉部结构相对较复杂,使作用于艉部的螺旋桨激振力的频率较高时,固有频率低于激振力频率的最初几个谐调的船体总振动在艉部的振动位移,其相位相同,因此各主振动叠加后艉部的振幅相当大,而在其余部位,由于各个谐调的振动位移其相位不完全相同,所以叠加后相互间具有抵消作用,其振幅较小。此外,阻尼作用也使艉端振动随着向艏部推移而减小。由图 5.1 可见,当激振力频率大于第五谐调固有频率时,最初五个谐调强迫振动合成的结果,也称为扇形振动。

对于这种艉机型船舶,在计算船体总振动时,可视为梁与空间结构的耦合振动,将船的前部视为梁,而把它的后部作为一复杂的空间结构,考虑两者的耦合,用有限元方法进行振动分析。此外,若船艉伸出端很长,而刚性又突然变小,使艉部和船体其他部分耦合放松,因而艉部伸出端相对船体发生悬臂梁一样的振动。

5.2.4　舷外水对船体振动的影响

舷外水对船体振动的影响是一个复杂且重要的问题。其影响可以分为三个方面:重力影响、阻尼影响和惯性影响。

(1)重力影响归结为漂浮于水中船舶的浮力变化,在垂向振动时,其作用类似于船体梁的弹性基础,但一般影响较小可不计入。在水平振动和扭转振动时,这种影响并不存在。

(2)舷外水的阻尼影响研究尚少,这种影响可分为两类:一是船体和流体摩擦所引起的阻尼;二是构成表面波和流体内部压力波的能量损耗。但这些阻尼力不易求得,而且也难以与船体结构的内阻尼分开,因此,常不单独考虑舷外水的阻尼,而将其与船体内阻尼一并考虑。

(3)舷外水的惯性影响反映在参与船体振动的等效质量的改变。这相当于有一部分舷外水与船体一起振动,这部分舷外水质量成为附连水质量或"虚质量",它与船体本身质量为同一量级,因此,这是必须考虑的重要问题。

若从理论上深入分析舷外水的影响,需要通过流体力学的专门知识,将周围水作为理想流体,由船体振动而引起的流体运动通过速度势 ϕ 所满足的拉普拉斯方程、船体与水的接触面及自由表面的条件求解和分析,由于求解的复杂性,虽然目前已发展了相应的理论和方法,但在船舶振动的实际处理中,使用场合还比较有限。读者有兴趣可以阅读流体力学方面的书籍。目前,对船舶工程而言,大多数仍然采用本章所介绍的方法,或其他类似处理方法。

5.2.5　船体总振动

船体总振动有两部分内容:一是研究计算船体梁各种形式振动的主振动,也就是确定各种形式主振动的固有频率和固有振型,以便设法避免共振;二是研究计算船体总振动的外界激振力(包括其频率和数值),以及在已知外界激振力作用下船体梁的响应,以掌握整个船体梁的振动特性。

在进行船体梁总振动时,通常将船视为一根漂浮在水中、两端完全自由、质量和刚度沿船长方向分布不均匀的变截面梁,然后再考虑剪切变形和剖面转动惯量对它的影响,并计入附连水的质量。计算船体总振动的方法很多,如能量法、迭代法、差分法、积分方程法、迁移矩阵法和有限元方法等。在人工计算时,应用最多的是能量法;采用计算机进行计算时,用迁移矩阵法比较简便,精度也能满足工程的要求,当考虑上层建筑或尾部振动的耦合作用时,常采用有限元方法。

5.2.6　船体局部振动

船上出现的诸多影响船舶使用的振动问题,多是由船体局部结构产生的振动所引发的。船体的局部振动不仅会妨碍船上各种设备和仪表的正常工作,也会使船上人员感到疲劳,影响其舒适性,而且可能对船体局部结构强度产生很大的影响,甚至导致结构的破坏。

局部振动大多数是由梁、杆、板及其组合所构成的。在进行分析时,通常是针对上述单独构件或它们的组合结构来操作。在局部振动中,先讨论板架和板的振动问题。

1. 板架的振动

在研究板架的振动时,对板架的尺寸和剖面要素的选择作以下规定:

(1) 两向梁的跨距应取支撑梁与两向梁中和轴交点间的距离。若板架位于两舱壁之间,则板架的长度就等于舱壁的间距。

(2) 计算主向梁和交叉构件剖面惯性矩时,附连带板的宽度取为它们的间距或跨距的1/6,两者之中取小者。

(3) 在附连带板宽度范围内所有的纵向连续构件应包括在计算剖面内。

(4) 计算中认为板架上的分布质量和附连水质量属于主向梁均布质量的一部分。

对于主向梁与交叉构件任意布置,且是变剖面的板架,常常采用等效法进行计算,等效法实质上就是能量法。由于这种方法计算简便且有一定的精度,所以在船体结构振动计算中有着广泛的应用。板架与其他弹性结构一样,它的自由振动可以视为无限多个主振动之和,而每个主振动对应有一个固有频率和一个固有振型,因此每一个主振动可转化为等效的自由度系统的振动来研究。

2. 板的振动

船体是由板和梁组成的,而且许多大型梁也可以看成是由板组成的,因此板的振动计算也是船体振动计算的一个重要内容。

板的振动可能是由直接作用在它上面的振动负荷所引起的,如螺旋桨上方的船底外板,也可能是由板的周界振动所引起的,如机舱底板。船上的板按其在振动负荷作用下弯曲的特性,分成绝对刚性板和有限刚性板。绝对刚性板内的悬链应力与弯曲应力相比很小,可以忽略,其振动可用线性理论来研究。而有限刚性板的板内悬链应力不能忽略。但不管怎样,所有板的振动在初始状态中总是显示出绝对刚性板弯曲的特性。

船舶平板的振动计算和分析应考虑以下几个特点:

(1) 船上的板是由骨架(梁)支持的连续板,其边界既不是简支,也不是固支,而是弹性支持。经实船测试结果,实际固有频率偏向于简边界情况。

(2) 船上有些板与水或其他液体相接触,如船体外板、货油舱(油船)横舱壁和纵舱壁上的板、油柜和水柜中的板、压缩水舱中的板,这些板的振动计算和分析应考虑附连水或附连液体的影响。

(3) 船体外板、内底板和主甲板在船舶总纵弯曲中,有拉应力或压应力状态,因此,这种振动是由中面力作用的板的弯曲振动问题。

(4) 船舶在建造过程中,船上的板经过许多工艺过程,会产生初挠度、焊接应力等,在板的固有频率和动应力计算中很难处理,但应在效率储备和许用振动应力取值上加以考虑。

(5) 船体板经常出现的两种振动形式是所谓的非对称和对称振动形式。这两种振动形式既是客观的存在,又是板在受到对称或非对称激励力作用时可能发生的两种强迫振动形式。非对称振动时,平板弹性固定在刚性周边上,而支撑平板的骨材受到来自平板的扭矩,在这种情况下,最大应力发生在板的振型的腹部;对称振动时,平板刚性固定在弹性周边上,而骨材受到平板的反力作用,此时,最大应力往往发生在板与骨材的结合交界处。从强度的观点考虑,由于该处有焊缝,疲劳强度差,容易发生开裂。一些研究表明,球扁钢型材构架的扭转刚度对于船舶板的固有频率影响甚微,可以不计;但是 T 型材的扭转对于板的固有频率的影响应当考虑,它既可能提高板的固有频率,也可能降低板的固有频率。

3. 上层建筑的振动

上层建筑的振动又可分为整体振动和局部振动两种情况。前者是将上层建筑结构视为一个整体所发生的三种振动模态:纵向振动、横向振动和扭转振动;后者是指上层建筑范围内各层甲板结构、围壁结构和舱壁结构的振动,也就是上层建筑的局部结构所发生的振动。

1) 上层建筑的整体振动

上层建筑作为一个整体,坐落在船体的主甲板上,主甲板及其下方的船体结构成为上层建筑的弹性基础。上层建筑整体振动的固有频率和固有振型取决于上层建筑的剪切刚度、弯曲刚度、扭转刚度以及主船体对于上层建筑的支撑程度。为了计算上层建筑的振动模态,常见有以下几种有限元模型:上层建筑的三维有限元模型,包括整个船体尾段在内的上层建筑三维有限元模型,以及全船三维有限元模型等。

在上述几种模型中,第一种模型的计算工作量较少,但是没有考虑上层建筑振动与主船体振动的耦合影响,在考虑主船体对上层建筑的支撑边界时假设太多,会产生一定的误差,且不能用于计算上层建筑振动响应;第二种模型虽然主船体的范围取得较大,但也未考虑上层建筑与主船体高阶模态的耦合影响,略去大部分船体来计算响应计算也会造成误差。全船模型全面考虑了主船体对上层建筑整体振动的影响,是一种最合理的模型,但计算工作量较大。不过在船舶工程中愈来愈多地采用这种整船模型计算上层建筑整体振动,全船模型既可进行模态分析,进行频率错开设计,又可进行各种条件下的上层建筑振动响应分析。

2) 上层建筑的局部振动

所谓上层建筑的局部振动主要指居住舱、服务舱的各层甲板振动,而且,在许多情况下需要进行这种振动计算。

前面已经指出,上层建筑舱室甲板的振动有纵向、横向和垂向这三个方向的振动。对于纵向和横向振动,甲板与上层建筑主体一起振动。但对于垂向振动,除了跟随上层建筑主体一起振动外,相对于上层建筑主体还有振动变形。衡量船舶上层建筑的舱室甲板振动,一般以纵向和垂向振动为主。在大多数情况下,服务舱的振动水平能满足标准要求,而居住舱室的振动常常大幅超出标准要求。影响上层建筑舱室甲板振动级的主要因素是:上层建筑整体的纵向振动频率与干扰力频率之比;上层建筑甲板的垂向振动频率与干扰力频率之比以及船舶总振动的振级。在决定上层建筑甲板振动级的因素中,最可以控制的是甲板固有频率与干扰力频率之比,因此,在船舶设计的初期,可靠地预测上层建筑居住和服务舱甲板的固有振动参数具有重要意义。

上层建筑舱室甲板振动计算通常采用有限元方法。上层建筑甲板结构是由板和梁组成的,常采用以下两种模型:

(1) 板架计算模型。此计算模型是以强横梁和纵桁组成交叉梁系,而甲板板和扶强材

(普通横梁和纵骨)作为交叉梁系的附连带板计入,将这种交叉梁系按其自然节点划分为若干个空间梁单元,按有限元方法计算固有频率和固有振型。这种计算模型简单,但是网格较稀,因而,甲板结构振型的描述不够细致,加之,梁的附连带板的实际有效宽度确定具有近似性,故结果具有一定的误差。

(2) 板梁组合模型。此种模型用板单元来描述甲板和桁材(强横梁和纵桁),用空间梁单元来描述扶强材(纵骨和普通横梁)。这种板梁组合单元,由于板上划分的有限元网格的节点与梁的节点并不重合,因此,应当考虑梁的偏心影响,不然会导致甲板计算刚度损失,而使计算频率偏低。这种计算模型比较精细,计算误差较小,但是计算量有一定增加。

3) 边界条件

对于甲板结构的四周围壁、内部钢质隔壁处,限制垂向线位移和沿壁面方向的角位移,其余约束不限制;对于上下贯通的支柱处仅限制垂向线位移,其余约束不限制。在这种假定的边界条件下,忽略了四周围壁结构对甲板结构的转动约束影响。为了考虑这种影响,可以在四周围壁上与甲板梁(纵桁和横梁)相连接的扶强材位置设置有带板的梁,围壁上这种梁的跨度为所计算的甲板结构向上和向下各取一层甲板室高度,其边界可取为简支梁或者固定边界条件。这即是上层建筑的局部振动模态的计算,上层建筑局部振动响应的计算也可以融合到上层建筑振动预报过程中一并完成。

4. 双层底振动

1) 机舱中双层底的振动

机舱是主机激励直接作用区,双层底结构是主机的基础。若机舱双层底结构设计不合理,将会导致主机振动,还可能会造成双层底结构的疲劳破坏。

机舱双层底和周围结构的振动模态在很大程度上取决于主机和结构布置。因此,对这种复杂结构振动系统,计算模型的选择是非常重要的。机舱内的主机柴油机有其本身的结构振动问题,又有和双层底结构的耦合振动问题。因此,对双层底结构做振动分析时,由于主机横向倾覆力矩中存在 H 型和 X 型力矩,因此,必须特别注意以下两个模态:即主机机架产生的 H 型振动(横向左右振动)和 X 型(扭转振动)振动。基座和双层底的抗弯刚度对主机机架的 H 型振动非常重要,主机机架的 X 型振动既取决于机架本身的刚度,又取决于基座和双层底的扭转刚度。当主机基座和双层底的刚度足够大时,才能保证在主机常用转速内,主机机架和双层底结构系统不发生共振。当基座和双层底的结构刚度不能增大时,可以设主机撑杆以提高主机机架和双层底结构系统的 H 型和 X 型振动的固有频率。

(1) 结构系统有限元离散方法。由上述可知,主机机架和双层底结构系统的固有频率和固有振型在船舶设计阶段就应当较准确地预报出来,以避免机舱发生有害振动。为了能比较准确预报该系统的固有频率和固有振型,通常采用有限元离散方法。主机机架和双层底结构系统的有限元离散法,一般是将机舱双层底的内底板、外底板、肋板和纵桁划分成板单元;基座面板和腹板、横隔板也划分成板单元;主机气缸部分用壳单元,其余机架部分采用板单元;主机机架与基座连接的贯穿螺栓可假定为刚性连接。

(2) 质量矩阵的形成。质量矩阵的形成有两种方法:一致质量矩阵和集中质量矩阵。一般情况下都采用集中质量矩阵,即将质量放在节点上。主机的质量可以用块体、厚板元等效模拟或按等效方法分配到机架相应的壳单元和板单元的节点上；机舱双层底结构的质量分别等效地分配到内底板、外底板、肋板腹板、纵桁腹板的板单元节点上；机舱双层底上、下辅机，设备，管子和接头按等效方法分配到内底板单元节点上；外底板上的管子和接头、双层底中的油水和附连水质量，按等效方法分配到外底板的板单元节点上。

（3）边界条件。为了较准确地计算出主机机架和双层底系统的固有频率和固有振型，可将舷侧结构计入该系统，并假定舷侧肋骨上端与主甲板交点处为简支或固定边界条件。机舱双层底的前端和后端各向外伸出一个舱段，延长的底部结构其边界条件可假定为简支或固支。

2）货舱双层底的振动

货舱中的双层底结构由于离主机和螺旋桨激励源较远，故对一般船可不进行振动计算，但对液化气船，由于气密性要求较高，为避免因振动引起疲劳破坏，仍需要进行振动计算。

由于没有大型设备坐落在货舱中的双层底结构上面，而且舱室的边界规整，各肋板之间尺寸差异不大，各纵桁之间尺寸也差异不大，因此，可用两种方法计算货舱中的双层底结构的固有频率和固有振型：正交各向异性板理论和有限元方法。前者可以在设计初期，用简单的估算公式计算货舱中的双层底结构的首阶固有频率。货舱中的双层底结构的振动有限元分析，其方法与机舱中的双层底结构的振动有限元分析方法相同。

5. 桅杆振动

舰船桅杆最常见的形式有杆状桅、塔状桅、桁架桅和筒形桅。桅杆是船上的一个重要部件，上面布置通信、导航等设备。桅杆高高地耸立在甲板上，既与船体相关，又有其相对独立性。桅杆的结构复杂，它的振动也有总体振动和局部振动之分，但于船体而言，它们都是局部振动。在桅杆振动特性中，最重要而且最值得关心的是其总体振动，特别是它的低阶振动，即第一、二、三阶振动。不论桅杆的形式如何变化，桅杆前三阶总体振动的一般形式为：在船舶纵中剖面内的纵向弯曲振动、横向弯曲振动和扭转振动。由于桅杆的结构一般对称于船舶纵中剖面，安装在桅上的设备也尽量使得桅杆每一横剖面的重心位于船舶纵中剖面内，因此，桅杆在船舶纵中剖面内的纵向弯曲振动相对独立，与其他的振动形式不耦合。由于桅杆横剖面的中心与其刚度中心并不重合，所以桅杆的横向弯曲振动常常与其扭转振动耦合，但在实际计算中，往往忽略其耦合作用。

桅杆振动计算的首要目的是确定其低阶固有频率（包括相对应的固有振型），将这些频率和螺旋桨或机器的激振力频率相比较，根据设计要求或衡准评价该桅杆的动态性能是否符合要求。一般而言，两者相差 30%左右则认为桅杆的动态特性是满足要求的。否则，必须计算由船体总振动所引起的桅杆的强迫振动（包括船体垂向振动和纵向振动引起的纵向弯曲振动、船体横向振动和扭转振动所引起的横向弯曲振动以及船体横向振动所引起的扭转振动）的振幅，并将计算所得的振幅数值和桅杆上安装的仪器设备的技术条件或环境条件下的允许值相比较，以确定其是否合格。

20 世纪中期以来，鉴于计算技术与计算手段的限制，形成了种种基于力学分析和简化的桅杆模型和算法，这些方法在一定程度上仍然有所使用。但就我国目前的技术发展状况来看，无疑应当首推有限元方法。根据桅杆的类型形成节点和单元，构造适当的有限元模型。目前由于有限元软件和计算机技术的飞速发展,构成详细的桅杆模型已经没有什么困难。对于舰艇上的隐形桅杆,还需要将隐身蒙皮一并列入模型。在构造单元和节点时,需要注意两方面的问题:一是桅杆上所装备的设备质量和质心需要正确模拟;二是在桅杆振动模态计算时,桅杆的边界如何形成和确定。对于前一个问题,只需将设备的质量通过适当刚性的连接方式与桅杆上的构件连接即可。后一个问题相对比较复杂。桅杆的支撑结构通常是甲板和舱壁,它们能在自身剖面内承受很大的力。

桅杆的固定情况通常有以下几种:①几层甲板作为桅杆的支撑结构。此时,需要考虑甲板的支撑弹性;②桅杆下面的加强结构式支持在相邻舱壁的水平构件,构件的弯曲会造成桅杆处的角旋转;或者,在桅杆的脚下用支柱加强,就必须考虑支柱自身的变形以及对于支柱的支撑结构的变形。可见,由于桅杆的支撑结构、支撑方式的多样性,在考虑桅杆振动计算的边界条件时,需要计入安装处的相邻船体结构。有些有限元计算模型不仅限于桅杆自身,而是扩大了的桅杆计算模型。这种计算模型中计入了相当范围的相邻船体结构,从而更精确地反映了周围船体对桅杆的支撑作用。一般单独的桅杆模型,计算所得到的固有频率总比耦合计算模型计算所得到的固有频率高,这时因为周围船体结构的计入削弱了桅杆的端部支撑刚度,从而使桅杆的固有频率下降,这种频率的降低可以达到 5% 左右。

桅杆的稳态强迫振动是由船体振动引起的。因此,桅杆的强迫振动计算应当与船体响应一起进行。完全的船体三维模型和桅杆三维模型的结合可以处理响应计算,但是需要的花费较大。比较经济的一种做法是将船体梁与模态计算时的桅杆模型结合起来进行计算。在船体梁的适当部位加上激振力,将船体梁与桅杆模型的结合点的响应作为桅杆基础的位移激励输入,再计算桅杆的响应,这样的计算可以起到事半功倍的效果。

6. 艉轴架振动

艉轴架是舰船动力推进系统的一部分,它和螺旋桨一起一直悬伸到船艉,它是船舶的附体,而不是船舶结构的主体。但是,它既是将螺旋桨、轴系的推力推向船体的结构部件,又是对尾部流场影响很大的一个附体。它的设计除考虑需要良好的动力性能外,又必须兼有轻型和强力的结构形式。在一段时期里,艉轴架的设计首先考虑强度,而振动性能注意得较少。但是艉轴架位于螺旋桨所产生的交变压力场内,直接受到周期性变化的激振力作用,为了避免这些结构发生共振,必须计算出其固有频率。特别在军用舰艇艉部设计方面,艉轴架的动力设计具有重要意义。舰艇的强大动力使激振力非常大,即便不发生共振,也需要注意控制其响应。我国的军用标准就规定了,凡首制舰艇或有重大更改后的后续舰艇,均应对艉轴架振动固有频率进行计算。还规定了需要计算的内容:①单臂架需计算第一阶弯曲振动固有频率;②双臂架需分别计算轴架平面内横向的第一阶弯曲振动固有频率以及垂直于轴架平面的第一阶弯曲振动固有频率。军用标准还给出了艉轴架在空气和水中振动时的固有频率的近似计算公式,以及对于艉轴架动态特性——频率高于螺旋桨叶频 20%~30%,或低于 20% 的要求。上述标准对于艉轴架的有限元模型和单元选取也作了相应的规定,读者可以根据实际情况进行相应的计算。

艉轴架振动计算的现状是不同的近似计算公式所得到的固有频率存在较大的差异,这种差异往往就掩盖了频率错开的要求。此外,限于当时的条件,艉轴架的有限元模型相对粗糙,特别是缺少试验的对比和验证。近年来关于艉轴架振动的计算和试验也取得若干进展,有些计算将艉轴架作为体单元。计算时还应计入附连水质量。如果在计算艉轴架振动时，相应地将艉轴，甚至艉轴架周围的部分船体一起考虑，理论上说可以提高艉轴架振动特性的计算精度。但是，由于艉部结构的复杂性，模型建立比较困难，而计算精度也不一定得到保证，因而，梁单元模拟仍然值得推荐。

5.3 振动分析的模型质量调整

国内近年来对于船舶振动的预报和计算，大致可分为全船模态分析与响应预报、尾部振动计算分析及上层建筑振动分析三个部分。由于计算技术的发展，利用大型计算软件对全船进行模态分析和响应计算，已成为船舶领域振动研究中的活跃领域。

质量分布对船舶振动的预报和计算影响很大，所以建模时需要关注。从质量组成考虑，全船质量可以分为空船质量和装载质量两大类。空船质量又可以分为结构质量和非结构质量两类。装载质量也必须分为装载质量和压载质量两类载况加以分析，然后无论哪种载况，装载质量又都必须考虑船舶载重量和船体的附连水质量。

（1）模型细化部分对于质量模拟的仿真度要求是非常高的。基于此，这部分模型的结构质量不采取任何常规配重的方法，比如修改不同部位的结构密度、配点质量等方法。对于这部分质量可以采用开孔板厚折减、板缝线平均板厚等办法用以仿真结构质量的空间分布。经过测算，有限元结构重量仅比实船小 2%，但是船体模型空间刚度和质量的分布却得到了较好的模拟。对于货舱区和艏部的粗模型区域，采取了调整该区域密度分布的方法使其结构质量和实船基本保持一致，并且质量分布也在一定程度上满足工程计算的要求。

（2）船舶质量的组成中不仅有钢组成的结构质量，也包括甲板敷料、舾装件、轮机件等非结构质量。这些非结构质量既可以采用板、梁等单元自带的用单元面积（长度）附带质量表述的非结构质量模拟，也可以用质点质量模拟。具体采用哪种方法可以灵活运用，但基本原则是：一要尽可能模拟质量的空间分布（质心分布）；二是避免大质量区域集中，以免计算时出现质量突变，从而造成结果失真。

（3）对主机的模拟，为了真实反映主机机架的刚度特性，如船级社已开发出较为成熟的软件。该软件采用平面应力单元将柴油机的内部结构很好地模拟出来并且实现了模块化。使用时可以方便地将主机有限元模拟整合到整船模型中去。这样不仅便于振动响应时施加激振力矩，而且能准确计算主机机架和双层底组成的系统的固有频率，看有无与主机激励发生共振的可能性。对于大型低速柴油机而言，主机机架的结构刚度对于计算结果的影响很小。这是由于主机质量非常大，刚度也很大，发生的振动是近乎纯弯曲型振动而非剪切型振动。对这种类型的振动起决定因素的是支撑结构的刚度，而不是振动结构物本身的刚度。基于这条原理，可以用板、梁、点来模拟主机机架，保证总刚度、外形尺寸及质心三向坐标与主机规格书中给出的一致；并且对主机和双层底组成的系统做局部模态分析。

（4）装载质量的变换对于船体振动模态会产生非常大的影响。目前国际上对于振动计算都要求针对装载和压载两种极端载况分布做振动分析。满载时要模拟货物，压载时要模拟压载水。一般采用集中质量单元或者实体单元来模拟这些质量。另外，还可以在水密边界处采用集中质量单元来模拟燃油、淡水等物资。

5.4 上海海事大学教学实习船体振动分析

本节将以上海海事大学的"48000DWT 教学实习船"为例进行振动分析。"48000DWT 教学实习船"是当时世界上投资规模最大、设施最齐全、设备最先进的教学实习船。除具备一般船舶的运输功能之外,它的显著特征是集学生实习和实训功能、科学研究功能、国际交流功能于一身。该船将为上海海事大学学生提供良好的实习平台,并用以培养各类高级航运人才。教学实习船是真正意义上的大型远洋运输船舶,突出学生实习和实训功能,满足200 余位师生员工的日常生活需求和教学活动的开展。船舶整体或局部发生共振会引起人体感觉不舒服,从而导致船上精密仪器失灵以及结构系统的破坏等后果。因此有必要在设计阶段对大型多用途远洋船舶结构的总体振动性能和局部振动性能进行预报,了解这类船舶的结构动力响应特性,以便在结构设计方面采用合理方案和必要措施来减轻结构振动的危害。

船舶振动的激励源有很多,如主机、螺旋桨、波浪载荷、风浪流等,其中主要激励源是主机和螺旋桨。因此,结构首阶自振频率必须错开主要的激励频率,并且要有一定的频率储备。对于总体振动,为了避免船体低阶振动频率与外界激励接近引起共振,要求其 1~3 阶固有频率与主要的激励频率分别错开±8%~±10%、±10%~±12%、±12%~±15%。若不满足频率储备要求,则需要进行振动响应计算或实船振动响应测量。基于上述要求,本节采用有限元混合模型对全船振动特性和上层建筑部位的振动进行计算分析和校核,其主要计算内容包括全船结构自由振动计算,主要旨在确定全船结构的自由振动特性,以防船体主要激励源与船体自身结构发生共振破坏,同时避免过度振动给船上工作人员的工作和生活带来不适。

5.4.1 船舶基本参数的计算说明

1. 船舶主尺度
船舶主尺度参数及主机、螺旋桨参数如表 5.1 所示。

表 5.1　船舶主尺度参数及主机、螺旋桨参数

参数	总长 L_{oa}/m	垂线长 L_{pp}/m	型宽 B/m	型深 D/m	设计吃水 T_d/m	结构吃水 T_s/m
数值	189.9	183.00	32.26	15.70	10.30	11.20

参数	主机				螺旋桨(1 个)	
	MAN B&W 6S50MC-C8					
	功率/kW	转速/(r·min^{-1})		缸数	直径/m	叶片数
数值	9 960	127		6	6	4

2. 船体梁基本剖面特性
船体梁基本剖面特性如表 5.2 所示。

表 5.2　各段船体梁的截面积、惯性矩和质量分布

船体梁	A/m^2	$K_\mathrm{v}/\mathrm{m}^4$	$K_\mathrm{h}/\mathrm{m}^4$	M_ss/t	M_bs/t
♯57～♯89	3.2134	440.7137	129.6937	11312.84	1899.01
♯89～♯121	3.2948	450.0322	134.2887	10530.64	4047.54
♯121～♯154	3.3202	453.8724	134.4580	10872.55	4241.81
♯154～♯186	3.3117	440.7294	130.0516	10722.40	4241.24
♯186～♯214	3.0174	338.6487	101.0233	6173.67	3156.71
♯214～♯236	0.5290	49.9210	38.8190	702.45	1062.49

表 5.2 列出了各段船体梁的截面积、惯性矩和质量分布的数据,其中,A 为对应各段船体梁的截面积;K_v 为垂向惯性矩,K_h 为水平惯性矩;M_ss、M_bs 分别表示满载和压载时的船体质量。

3. 固有频率的经验公式估算

船体总振动的固有频率是处理船舶振动问题的一个特别重要的参数。通过固有频率与主机、螺旋桨等频率的比较,可以防止船体发生有害的振动,避免产生共振现象。通过在预报固有频率时采用的途径有三种:型船比较法、经验公式估算法、有限元方法。对于教学实习船的振动情况,目前尚无可靠的母型船资料可查,所以采用的是经验公式估算和有限元方法。

经验公式估算法是根据 100 余艘不同类型船舶资料所归纳出的,适用于船长小于 230 m 的油船、干货船、散货船、矿砂船和客货船,一般情况下误差不大于 7%。为了计算方便,本节在应用有限元方法计算时采用船体梁来模拟货舱和首部结构。由于混合模型采取了船体梁简化形式,不便进行全船扭转振动的计算。所以,采用经验公式估算法既可以计算全船扭转振动固有频率,同时又能验证有限元混合模型法处理的准确性。以下即是根据船级社振动计算的要求,应用经验公式法对全船和上层建筑的固有频率进行估算。

1) 经验公式法一

当主尺度和排水量已知时,船体梁垂向弯曲振动的前两阶固有频率 f_{iv} 可按照下式进行计算:

$$f_{iv}=a_{iv}K_{iv}E_{iv}C_{vm}\frac{D}{L}\sqrt{\frac{B}{\Delta_v}}+b_{iv} \tag{5.1}$$

式中,i 为船体梁垂向弯曲振动的节点数;f_{iv} 为节点数为 i 的船体梁垂向弯曲振动的固有频率;D 为型深(m);L 为垂线间长(m);B 为型宽(m);a_{iv},b_{iv} 为由船的类型和节点数确定的无因次系数;K_{iv} 为船体横剖面对中和轴的惯性矩沿船长分布形式的变化,对固有频率影响的无因次修正系数;E_{iv} 为船体桥楼对固有频率影响的无因次修正系数;Δ_v 为包括附连水在内的船舶总质量(t);C_{vm} 为船体钢体类型对船体振动影响的系数。

水平弯曲振动固有频率 f_{ih} 按照下式进行计算:

$$f_{ih}=a_{ih}K_{ih}E_{ih}C_{hm}\frac{D}{L}\sqrt{\frac{B}{\Delta_h}}+b_{ih} \tag{5.2}$$

式(5.2)中的各变量与式(5.1)中的相同,仅下标由 v 改为 h。

2) 经验公式法二

当中剖面惯性矩已知时,船体梁垂向弯曲振动的前两阶固有频率 f_{iv} 可按照下式进行计算:

$$f_{iv} = A_{iv} K_{iv} E_{iv} \sqrt{\frac{I_{ov}}{\Delta_v L^3}} + B_{iv} \qquad (5.3)$$

式(5.3)各量与式(5.1)中的相同,只是相应系数由 a_{iv},b_{iv} 改写为 A_{iv},B_{iv}。

水平弯曲振动固有频率 f_{ih} 按照下式进行计算:

$$f_{ih} = A_{ih} K_{ih} E_{ih} \sqrt{\frac{I_{oh}}{\Delta_h L^3}} + B_{ih} \qquad (5.4)$$

式(5.4)各量与式(5.3)中的相同,仅下标由 v 改为 h。

3) 全船扭转振动固有频率计算

$$f_{1t} = 2.35 \times 10^4 \sqrt{\frac{B^2 D^2 t}{\Delta (B^2 + D^2)(B+D)L}} \qquad (5.5)$$

式中,t 为船体外壳板的平均厚度。

4) 上层建筑整体固有频率计算

上层建筑纵向振动固有频率 f_c 按下式计算:

$$f_c = 1.07 K_1 \frac{f_s}{\sqrt{1 + \left(\dfrac{f_s}{f_r}\right)}} + K_2 \qquad (5.6)$$

式中,f_c 为上层建筑纵向振动固有频率;f_s 为上层建筑仅作剪切振动时的固有频率;f_r 为上层建筑回转振动时的固有频率;K_1,K_2 为上层建筑类型的修正系数。

以上所有参数选取,详细参照《船上振动控制指南 2021》相关内容,计算数值如表 5.1、表 5.2 所示。

5.4.2　有限元计算分析

经验公式法可以较方便地估算出一阶固有频率,但对于二阶及更高阶固有频率,则需要用有限元方法进行计算。振动计算在全船有限元模型上进行,考虑到船体为细长体的特点,机舱前部的主船体用变剖面的梁模拟,尾部结构包括机舱、舵机舱、上层建筑内的围壁、平台以及主机座与主轴结构均在计算模型中予以表达,由细致的有限元模型来描述,从而确保计算结果能比较真实地反映实际结构系统的振动形态。

1. 计算工况

教学实习散货船的全船自由振动响应计算分满载离港和压载到港两种装载状态分别进行,各装载状态的整体振动计算参数如表 5.3 所示(具体可参见船体设计装载手册)。

表 5.3　各装载状态振动计算参数

装载状态	总重/t	吃水/m	重心的 x 向坐标 x_{CG}/m	重心的 y 向坐标 y_{CG}/m	重心的 z 向坐标 z_{CG}/m
满载离港	58 068.6	11.189	94.422	−0.040	9.654
压载离港	27 353.0	5.681	92.923	−0.084	9.148

2. 有限元模型

在教学实习散货船的振动计算中的有限元船体梁混合模型完全依据各相关专业的设计图纸来进行,前后处理均运用大型商用有限元软件 MSC. PATRAN/NASTRAN 来完成。

船体梁混合模型如图 5.4 所示,上层建筑、尾部和机舱采用三维有限元模型,机舱之前的结构(货舱和首部)采用等效的船体梁来进行模拟。在等效船体梁与尾部结构连接处,采用了剖面位移与转角的耦合加以模拟。其中,上层建筑、尾部和机舱三维有限元模型中包括了船体的外壳、横舱壁、内底、纵桁和肋板等板结构,采用 CQUAD4 及 CTRIA3 壳体单元模拟;所有承受载荷的板上的纵桁及加强筋等采用考虑偏心的梁单元来模拟,并考虑适当的纵骨及加强筋等的合并;小的开孔结构及其周围加强筋以等效板厚的方法进行考虑,且尽量依据实际形状模拟大的开孔结构。

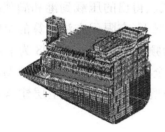

(a)

(b)

图 5.4　全船有限元模型示意图

(a) 全船整体模型;(b) 船尾及上层建筑模型

网格间距纵向一般为肋位间距;横向为纵骨间距,垂向的每一平台间为 6 个单元;双层底内的肋板腹板、桁材及舷侧翼板上的桁材沿其高度方向划分为 2 个单元。

3. 质量调整

振动计算不仅要考虑结构刚度,而且还要考虑船舶质量,两者对振动计算结果的影响具有同等重要性。在船体各装载状态的重量调整中,船体自身重量的调整是通过调节单元结构的材料密度和施加典型结构质量点来实现的。

附连水质量对船体振动影响很大,必须加以考虑。尾部附连水质量通过软件自带的势流理论模块加以考虑。在 MSC. NSATRAN 软件中,水动力质量计算是通过定义有限元模型湿表面单元和吃水高度自动实现的。船体梁部分的附连水质量则利用传统的船体梁固有频率计算公式来进行计算,即希列克公式、托德公式等(都是在大量实船测量值的基础上建立的)。船体梁的附连水质量以非结构质量形式平摊到各段船体梁中。

4. 边界条件

上述教学实习散货船仅展开整体振动计算分析,由于已考虑附连水质量的影响,所以全船自由振动响应中的边界条件可以不施加,以模拟船体在水中自由飘浮的状态。

5.4.3 全船自由振动结果分析

表 5.4 和表 5.5 为通过有限元分析法和经验公式法得出的压载到港和满载出港两种工况的全船固有频率值,表 5.6 和表 5.7 为两种不同工况下,有限元方法计算的全船典型自由振动频率值及全船自由振动频率和主机、螺旋桨激励频率的比较。表 5.8 为上层建筑储备频率分析表。图 5.5~图 5.10 为满载离港状态的全船典型自由振动振型图,图 5.11~图 5.15 为压载到港装载状态的全船典型自由振动振型图,图 5.16 为上层建筑首阶纵向振动振型。

表 5.4 压载到港工况下全船固有频率计算

计算方法	垂向振动		水平振动	
	1 阶	2 阶	1 阶	2 阶
有限元分析法	1.048 4	2.49	1.908	4.428
经验公式法 1	1.107 5	2.145	1.596	3.38
经验公式法 2	1.050 9	2.017	2.033	4.301

表 5.5 满载出港工况下全船固有频率计算

计算方法	垂向振动		水平振动		上层建筑
	1 阶	2 阶	1 阶	2 阶	1 阶
有限元分析法	0.863	2.018	1.577	3.612	9.24
经验公式法 1	0.961	1.862	1.132	2.291	9.8
经验公式法 2	0.926	1.759	1.472	3.058	

表 5.6　压载到港工况下储备频率分析

装载状态	垂向振动			水平振动			扭转振动
	1 阶	2 阶	3 阶	1 阶	2 阶	3 阶	1 阶
压载离港	1.048	2.490	4.598	1.908	4.428	7.240	2.916
与主机激振频率错开/12.26 Hz	91.7	80.3	63.7	84.9	65.1	43.0	77.0
与桨轴频率错开/2.043 Hz	51.7	14.7	111.9	12.1	104.1	233.6	34.4
与桨叶频率错开/8.173 Hz	87.6	70.6	45.7	77.5	47.7	14.5	65.6

表 5.7　满载出港工况下储备频率分析

装载状态	垂向振动			水平振动			扭转振动
	1 阶	2 阶	3 阶	1 阶	2 阶	3 阶	1 阶
满载出港	0.863	2.018	3.640	1.577	3.610	6.380	2.005
与主机激振频率错开/12.7 Hz	93.2	84.1	71.3	87.6	71.6	49.8	84.2
与桨轴频率错开/2.17 Hz	60.2	7.0	67.7	27.3	66.4	194.0	7.6
与桨叶频率错开/8.466 Hz	89.8	76.2	57.0	81.4	57.4	24.6	76.3

表 5.8　上层建筑储备频率分析

局部结构	首阶固有频率值/Hz	与激励源激振频率错开/%		
		主机	螺旋桨轴频	螺旋桨叶频
上层建筑	9.24	12.7/Hz	2.17/Hz	8.466/Hz
		27.2	325.8	9.1

5.4.4　结论

通过计算结果分析,可以得出以下结论:

(1) 由表 5.4 和表 5.5 数值比较可知,通过有限元船体梁混合法计算全船自由振动所得的固有频率与经验公式法所得结果均在允许误差范围内,因此,采用船体梁混合模型来对全船振动进行有限元分析是可靠的。

(2) 由表 5.6～表 5.8 可以看出,满载出港状态下,船体自由振动前三阶固有频率与主机和螺旋桨的激励频率错开比均在规范要求范围内;但是,在满载离港状态下,全船第二阶垂向振动频率与桨轴频仅错开 7%,第一阶扭转振动频率与桨叶频仅错开 7.62%,应引起足够的重视,可做进一步的强迫振动分析。

(3)上层建筑一阶频率与主机,螺旋桨轴频频率错开比较大,避开共振的危险;与螺旋桨叶频错开百分比略接近共振的数值范围。可以通过改进结构设计,以提高上层建筑纵向剪切刚度和支撑刚度,避开共振的危险。

满载出港状态的全船典型自由振动模态图形汇总

第 6 章 船体结构疲劳及噪声的有限元分析

6.1 船体振动与噪声

  船舶在波浪中航行时受载情况经常会发生变化,这使船体构件长期处于交变应力状态下,其中疲劳破坏是船舶结构的主要破坏形式之一。特别是对于大型船舶和使用高强度钢的船舶,疲劳问题显得尤为突出。多年来,船舶结构的疲劳断裂问题一直是造船界所关注的问题。经研究发现,对于大型船舶来说,船长超过 200 m 总损伤的 70% 属于疲劳损伤。为了避免因疲劳强度不足而造成船舶损坏,多年来在船舶和海洋工程领域对疲劳强度进行了大量理论和实验研究。在这些研究基础上,结合设计、制造、安装和运营中的经验,世界各主要船级社都提出了可供结构设计阶段应用的疲劳强度计算方法。

  船舶振动与噪声不仅损害船员的健康,妨碍船员的正常工作,而且易造成船体结构的疲劳破坏,所以控制船舶噪声与振动十分必要。船舶的主要噪声源有主机、主推进器和波浪等,其中主柴油机和主螺旋桨又是重中之重,柴油机的干扰力包括惯性力、离心惯性力及倾覆力矩,螺旋桨的激振力包括机械不平衡引起的干扰力、流场不均匀引起的叶频干扰力、伴流与空泡、轴承力和表面力。船舶噪声按声源性质不同,基本上可分为空气动力噪声、机械噪声和电磁噪声三类。船舶噪声按发生场所分为动力装置噪声、结构激振噪声、辅助机械噪声、螺旋桨噪声和船体振动噪声等。船体局部结构模态分析就是为了求解船体结构的固有频率、固有振型和阻尼,以断定其在主要噪声(振动)源标定工况下工作时,是否会引起谐振现象。同时,也可以同试验模态分析结果进行比较,以界定有限元仿真得出的固有振型和频率的正确与否。随后可以利用分析结果进行动态特性优化、动力响应计算、舱壁及甲板结构表面空气噪声预测以及声质量设计等进一步工作。

  对于船舶振动与噪声控制,传统的工作流程主要依据数学公式计算、物理模型校验和实船海试采集等主要环节,计算量巨大。近年来,随着计算机硬件和软件的发展,为船舶振动与噪声控制提供了新的平台,目前采用数值仿真的方法模拟船舶噪声振动问题主要是基于有限元(FEM)、边界元(BEM)和统计能量分析(SEA)三种方法。有限元方法是确定性的求解方法,用于低频振动环境的预示,可以得到结构的整体模态参数。与边界元方法结合可以预示结构的振动以及内外声场的噪声辐射强度。有限元方法虽然在理论上可以在任何频率范围内求解结构的振动和噪声辐射问题,但是在求解高频问题时,由于波长很小且模态密集,若要准确求解就需要有足够高的网格精细程度(通常在一个波长范围内需要 6~10 个单元),因此模型的规模变得非常大,求解的时间变得非常长,反而没有了数值仿真高效的特点。其次,由于结构的高阶模态参数对许多不确定的原始参数以及许多结构细节非常敏感,但是结构细节又不太好确定,使得有限元方法求解的精度大打折扣。另外,结构声振分析既存在振动引起的噪声辐射问题,又存在噪声引起的结构振动问题,传统的有限元方法在解决两者的耦合时比较困难。因此,有限元方法通常只是用于求解低频振动噪声环境的预示。

6.2 结构疲劳及其有限元分析流程

疲劳是结构在一定载荷水平范围内(小于极限静载荷),承受重复性载荷而产生的一种现象。疲劳过程就是由于载荷的重复作用导致零件材料内部的损伤累积过程,其发生破坏的最大应力水平低于极限静强度,且往往低于材料的屈服极限。因此,对承受着交变载荷或对称疲劳载荷的多数机械结构来说,机械静强度设计并不能反映它们的实际载荷情况。

疲劳可以从多种角度进行研究,根据研究对象、疲劳循环次数、应力状态和载荷情况及工作环境对疲劳进行分类,具体分类如图 6.1 所示。

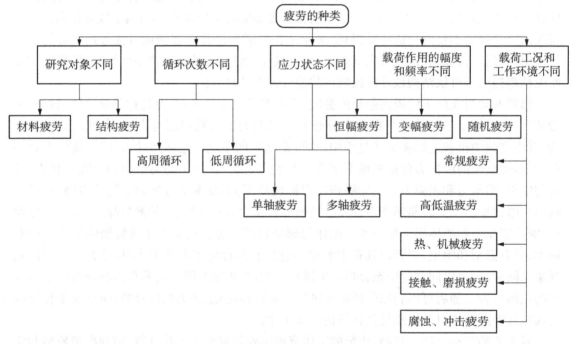

图 6.1　结构疲劳的分类

6.2.1　常用的疲劳寿命估算方法

1. 疲劳寿命设计的两个阶段

1) 产品研发阶段——虚拟疲劳寿命评估

新产品的问世,都要经过一个从无到有的过程,在产品研发的初期,设计人员已知所用材料的疲劳数据和产品的使用条件进行产品方案设计,或者在产品初步方案已经确定的情况下,需要对整机或零部件疲劳寿命进行评估。

此时由于设计还不成熟,无法生产物理样机进行静强度试验、疲劳试验,因此需要利用计算机仿真技术,在虚拟的环境中建立直观形象的产品模型,进行静力学计算,动力学仿真或疲劳寿命分析,然后判断可能出现疲劳的薄弱位置,有针对性地对产品进行结构改进,改进不合理的寿命分布,增大物理样机试验成功的概率。

2) 样机试验阶段——试验疲劳寿命验证

一旦产品设计方案最终确定,在大批生产和投放市场之前,必然要生产少量(一台或几台)样机进行试验,以验证方案是否满足设计要求。此时可以直接通过试验获取所需的疲劳数据,试验条件必须与实际使用情况相同或相近,以确定整个产品的最终寿命。但是由于疲劳破坏有极强的分散性,受内、外因素影响的概率大,试验样机的数目需酌情而定。对于对疲劳寿命有着明确要求的机械或工程结构来说,试验环节是不可或缺的,如飞机的全机疲劳试验等。

2. 估算方法

通常以疲劳破坏发生时的应力循环次数 10^5 为界,当循环加载的应力水平较低时,弹性应变起主导作用,疲劳破坏时应力循环次数高于 10^5,称之为高周疲劳;反之,当应力水平逐渐提高,塑性应变起主导作用,破坏时应力循环次数低于 10^5,称之为低周疲劳。

随着计算机技术和有限元分析的发展,有限元疲劳分析法在工程设计中得到了广泛的应用,通常包含材料疲劳性能参数或曲线、疲劳累积损伤理论和循环载荷下结构的响应三部分内容。常用的疲劳寿命估算方法主要有名义应力法、局部应力应变法、损伤容限法和概率设计法等,其中名义应力法确定疲劳寿命的要素主要有材料性能与载荷谱,还有疲劳危险部位的应力集中系数等,适用于高周疲劳;局部应力应变法重点在于得到疲劳危险部位的局部应力应变谱,适用于低周疲劳;损伤容限法是基于断裂力学的一种寿命分析方法,其重点在于确定载荷谱中各级载荷造成的裂纹扩展速度。

6.2.2　疲劳累计损伤理论及有限元疲劳分析流程

1. 损伤定义

疲劳是一个累积损伤的过程,所谓损伤,是指在疲劳过程初期材料结构的细微变化和后期裂纹的形成和扩展。如果材料受到的循环作用高于疲劳极限时,就一定会使材料产生一定程度的损伤,当损伤累积到达临界值 D_f 时,就会发生破坏。每一个循环所造成的平均损伤为 $1/N$(N 为疲劳寿命,D_f 为临界损伤和,简称损伤和)。

2. 疲劳累积损伤理论

累积损伤是几十年来人们一直高度重视并不断研究的问题,它也是疲劳寿命设计的核心。最早进行累积损伤理论研究的是帕尔姆格伦(Palmagram),他于 1924 年提出线性累积损伤理论,之后迈因纳(Miner)进行了进一步的研究改进。

1) 线性疲劳累积损伤理论

该理论提出了疲劳累积损伤可以线性累加的假设,临界损伤和为 1,对疲劳机理进行简化,其公式化的表达形式为

$$D = \sum_{i=1}^{l} n_i / N_i = 1 \qquad (6.1)$$

式中,试样的加载过程是由 l 个不同的应力水平构成,应力大小分别为 σ_1, σ_2, $\cdots$, σ_i,相对应的寿命分别为 N_1, N_2, $\cdots$, N_i,而单个应力水平下的循环次数则为 n_1, n_2, $\cdots$, n_i。

根据研究得出,临界损伤和与加载顺序、载荷谱以及材料都有着密切的联系,所以相对 Miner 法则取消了临界损伤和 $D_f = 1$ 的假定,由实验或过去的经验确定 D_f,线性疲劳累积损伤理论模型形式简单方便,能较好地预测疲劳寿命的均值,主要适用于设计阶段的疲劳寿命估算。

2) 双线性疲劳累积损伤理论

双线性疲劳累积损伤理论把疲劳过程的线性累积损伤大致分为两个阶段,即裂纹的形成与扩展。在这两个阶段中,疲劳累积损伤各自遵循着不同的线性规律。但是由于这两个阶段的拐点不易确定,所以在工程实际应用中不便直接使用。

3) 非线性疲劳累积损伤理论

非线性疲劳累积损伤理论认为试件表面的许多地方都有可能出现损伤,损伤核的数目与载荷加载次序都影响着试件的疲劳寿命,但是由于公式复杂,且一些假设或理论计算结果与试验事实并不相符,因此在工程实际中也较少应用。

4) 概率疲劳累积损伤理论

上述三种理论都是基于"确定性"的基础之上的,近 30 年来,概率疲劳累积损伤理论却认为疲劳损伤存在着很大的随机性,一方面有可能是由于材料微结构的不均匀性或缺陷分布的不均匀性引起的;另一方面也有可能是由于外部载荷的随机性或服役环境的不确定性等外在因素造成的。所以该理论的焦点问题是:不考虑加载次序;不考虑瞬时累积损伤的统计分散性。但是,目前还没有足够的理论分析或实验结果来解决这一问题,这也正是线性损伤理论的缺陷。

3. 有限元疲劳分析流程

在市场竞争日益激烈的今天,各公司都在寻找既能提高产品的质量、性能以及耐久性,还能将产品开发周期缩至最短,产品研发成本降到最低的方法,以提高产品的市场竞争力。

利用计算机虚拟设计技术,可以快速改变结构的设计参数,而不用重新建造试验模型,大大降低了产品的开发成本。MSC. FATIGUE 是一个通用性很强的基于有限元分析结果的疲劳设计工具,可以在产品的设计初级阶段进行产品疲劳分析,从而优化产品寿命。MSC 系列软件是一系列无缝连接的软件:利用 MSC. Patran 作为疲劳分析的前、后处理软件,在 MSC. Nastran 中进行有限元计算,载荷工况可以从 MSC. ADAMS 中获得,需要的材料信息可以经过疲劳试验获得或者直接从软件标准库中获得,进而可以进行疲劳分析。

对于有限元疲劳分析流程来说,除了几何信息来源于 CAE 模型外,一般还需要三方面的输入,即有限元分析的应力、应变结果、施加载荷数据,也称应力-应变时间历程和材料的疲劳性能参数。有限元分析的应力结果可以通过专业的有限元软件来完成(如 MSC. Nastran,ANSYS 等),但是在工程机械领域,设计师们比较通用的有限元软件为 ANSYS,该软件计算结果也为广大企业所认可,所以为了避免重复建模,加上 MSC. FATIGUE 模型和疲劳分析所需的结果文件可以通过 ANSYS 结果文件导入，所以利用 ANSYS 和 MSC 软件进行疲劳分析。载荷数据是有限元疲劳分析的一个主要输入，在虚拟仿真模型中建立载荷工况和边界条件，即可通过虚拟仿真分析求得（如 MSC. ADAMS，Samcef/Mecano 等）。材料参数可根据相关标准从试验中直接获得，也可以从材料手册等出版物中获得，另外从材料数据库软件中亦可获得。具体的分析流程如图 6.2 所示。

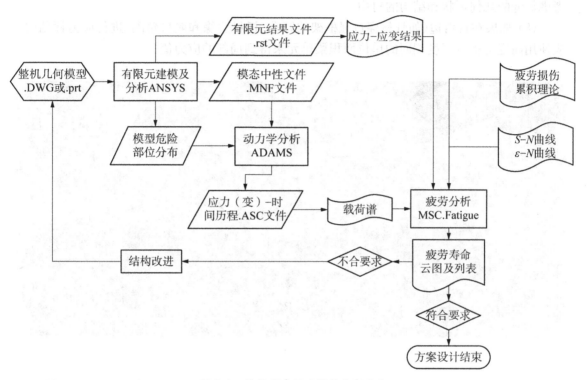

图 6.2　结构的有限元软件分析流程

从图 6.2 中可以看出，利用有限元方法可以对结构件进行受力和变形的分析，得出结构件危险部位的应力、应变结果，避免了实际应用中对复杂结构件进行近似简化计算导致的误差，从而为疲劳分析奠定了良好的基础。

6.2.3　船体疲劳有限元分析的有限元模型

（1）基于有限元应力分析的疲劳强度校核采用精细网格分析进行，可将精细网格模型嵌入舱段有限元模型中进行分析，也可采用包括局部精细网格区域的子模型，边界条件由舱段有限元模型得到（见图 6.3）。

（2）纵向范围一般应至少覆盖船中货舱区的 1/2 个货舱＋1 个货舱＋1/2 个货舱长度。

（3）考虑横向波浪载荷的不对称性，应采用全宽模型。

（4）垂向范围应选取主船体范围内的所有构件，包括主甲板上的所有主要构件。

（5）对于局部精细网格子模型，应避免位移边界条件和力边界条件对细化区域热点应力的影响；细化区域边缘应有主要支撑构件，如货舱区域的纵桁、水平桁和肋板等。

（6）热点附近的有限元网格应足够精细，以便反映应力梯度的变化，网格大小应不大于热点处受力构件厚度 t。精细网格区域应保证从热点位置向外所有方向延伸不小于 $10t$，精细网格与粗网格之间的细化网格区域的网格密度的过渡应保持平稳。

（7）精细网格区域内应使用具有弯曲和膜单元特性的 4 节点单元，壳单元应表示板材的中面和板弯曲特性。应尽可能避免使用三角形单元，避免使用角度小于 $60°$或大于 $120°$的畸变单元。细化区域内的骨材应以板单元模拟；细化区域外的骨材可采用梁单元模拟。不考虑焊缝的几何形状和结构的对中。

（8）如果在自由边（如骨材穿过强框架的开孔、板材边缘和舱口角隅）进行应力评估时，应使用高度与板材厚度相同的单位面积梁单元来得到局部的应力值。

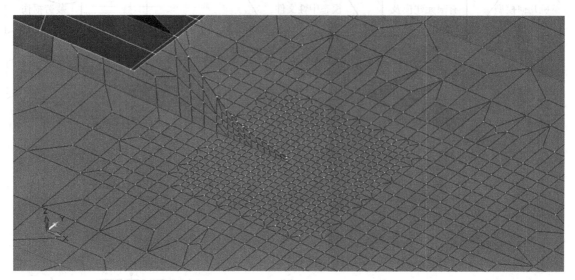

(a)

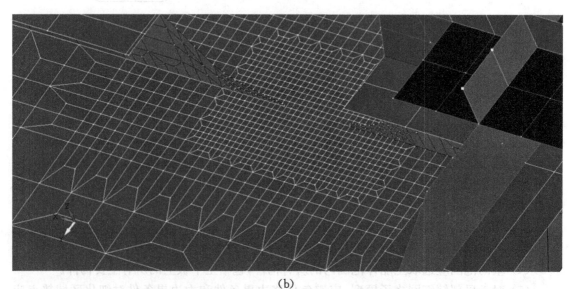

(b)

图 6.3　结构疲劳计算的有限元网格局部精细化模型
(a) 单个趾端局部网格精细化示意图；(b) 多个趾端局部网格精细化示意图

6.2.4　船体疲劳有限元分析的应力

在进行有限元应力分析时,每一种计算工况分为两部分:总体载荷工况与局部载荷工况,热点应力的数值应由以上两部分工况计算所得的应力值合成得到,合成公式为

$$\sigma_C = f_{ch}\sigma_{HG} + C_{VT}f_{cl}\sigma_L \tag{6.2}$$

式中,σ_{HG} 为总体载荷工况下的热点应力,N/mm²;σ_L 为局部载荷工况下的热点应力,N/mm²;f_{ch},f_{cl} 为腐蚀修正系数;C_{VT} 为船型修正系数。

6.3　船舶噪声的有限元分析

6.3.1　船舶噪声基础知识

1. 船舶噪声分类及其特性

船上的柴油机、汽轮机、锅炉、齿轮、鼓风机、泵、通风机、压缩机和螺旋桨等各种运转着的机械设备和装置系统内流动着的流体工质,因振动、撞击和气流扰动等成为船舶噪声源。其中主机、辅机和螺旋桨是三个主要噪声源。船舶噪声按发生场所分为动力装置噪声、结构激振噪声、辅助机械噪声、螺旋桨噪声和船体振动噪声等。船舶噪声具有噪声源多、功率大、频谱宽和低中频等主要特点。

动力装置的噪声主要包括由主机柴油发电机组、齿轮箱及主辅机的排气管所产生的噪声,它是船上最强的噪声源,该噪声的强弱决定了柴油机船的噪声级,它既有进排气系统空气动力噪声,又有运动部件的撞击和主机本身不平衡而产生振动所造成的机械噪声。结构激振噪声和机器内部的激振能量经机架被传递到基座法兰(或地脚螺栓),然后又通过船舶双层底传向船体,船体开始振动产生噪声。这些产生噪声的激振能量,源自机器燃烧过程和活塞往复运动引发的脉冲振动,振动的能量取决于振动的振幅和频率,而且在宽频带范围时,还会辐射出二次噪声。

辅助机械噪声主要包括各种舱室机械和甲板机械工作产生的噪声,这种噪声主要由锅炉燃烧通风机、通风液压系统、液压冲击和空调系统等产生。

螺旋桨噪声的强度较主辅机噪声的强度要弱,影响范围也主要限于尾部舱室,其噪声性质可分为两种:一种是低频噪声,由桨叶和流体相互作用的流体动力效应及水流冲击尾柱而引起的;另一种是空泡引起的叶片振动而产生的高频噪声。

船体振动噪声是由主辅机及螺旋桨的扰动和各种机械及波浪的冲击引起的振动而产生。

2. 船舶噪声传递途径

噪声源产生的噪声通过空气介质和船体结构两种途径进行传递,从而可划分为空气噪声和结构噪声。一个噪声源既能够凭借自身直接激发空气振动,以空气噪声的方式通过舱壁、甲板、天花板,沿着通风道,经过网孔、舱口窗、非密门等进行传播;同时也能通过噪声源处承受各种机械力的基座或各种非支撑性的撑件产生振动,以结构噪声的方式传播。结构振动以弹性波的形式在基座、船体结构、舱室的外围结构中传播,在传播期间辐射出空气噪

声声源。舱室内的噪声几乎全由空气噪声决定,距离声源稍远的居住舱室内的噪声则全由结构噪声决定。对于较大型的船舶,机舱和螺旋桨产生的结构噪声远比空气噪声对船上居住舱室的影响严重;对于小型船舶,空气噪声的影响是主要的。

6.3.2 船舶噪声的控制

噪声控制,是指采取相应技术措施控制噪声源的发生、输出传播和接收,以达到人们所要求的声学环境。船舶噪声控制包括三个方面:声源噪声的控制、传递途径的噪声控制、接收器噪声防护设备的使用。

1. 声源控制是噪声控制中最根本和最有效的手段

使用噪声较小的主机、辅机和螺旋桨,并且合理地安置噪声源,使之向船舶传播的声音与振动能量较少。现在大部分船舶都是以柴油机作为主机和发电机的原动机,例如使进排气通道避免急剧转弯以及加装消音器等,可以降低主辅柴油机进排气的噪声;还有合理组织供油、减小喷油提前角、缩短预燃期或在预燃期内减少喷油量、缩短着火延迟期和减少滞燃期内形成的可燃混合气数量等,这些都可以减少柴油机燃烧的噪声。螺旋桨设计使用半流均匀和低叶梢速度的设计方法,以减少螺旋桨产生的噪声。合理进行船舶舱室的布置,将机器或整个机舱与船上其他部分隔绝开来,并增加噪声在结构中的传输损耗,控制共振幅度,使之传到居住舱室和其他办公舱室的噪声很小,如改进机器的动平衡隔离声源的振动部分、使用阻尼材料、改进润滑或改变共振频率破坏共振等。

2. 传递途径中的噪声控制最常用的方法

传递途径中对噪声的控制措施主要有吸声、隔声、隔振等,这些可以起到事后补救的作用。吸声主要是在舱室天花板和四壁表面敷设吸声材料和吸声结构,或所在室内空间悬挂吸声体,这样会使室内的反射声大大减弱。隔声是将噪声源或需要安静的场所与外界环境有效地隔离。在船舶噪声控制中,对空气噪声,采用刚性和不吸声的钢板、铝板等做成隔声壁,为提高隔声效果,可采用双层壁,还可采用隔声罩和隔声室等措施对噪声源隔声。隔振就是在机械设备与安装基础之间引入一个隔振装置,以改变机械设备与基础之间的运动关系,对于振动设备,安装单层或双层弹性支撑的减震器进行隔振是唯一能减少振动传递和结构噪声的一个有效措施。

3. 接收器噪声防护设备提供的被动保护也是重要手段

在机器多而人少(如机舱)的舱室中,降低机器噪声不现实或不经济的情况下,噪声防护设备给受噪声污染者提供的被动保护就显得更实际重要些。目前,对大型主机采取的声振控制措施尚不完善,需要对船员采取保护措施防止他们听力受害,如船员可以戴上护耳器(耳罩或耳塞)、防声头盔在隔声间(如机舱集控室)内值班工作,就可以减少噪声的伤害,得到一个较好的工作环境。

在对船舶噪声控制时还应注意到,在实际中往往受到船舶造价和造船厂技术条件的限制,因此在船舶设计阶段就应考虑船舶降噪的因素,并在船舶建造过程中注意降噪设计工艺的实施。随着社会的发展和进步,生态环保意识和可持续发展观念日益深入人心,必将对船舶噪声限制标准更加严格,因此对船舶噪声的控制提出更高的要求,也使船舶设计、制造和检验部门面临更严峻的挑战。

6.3.3　有限元分析

振动噪声由弹性基座传递到船体结构,对它的分析是十分复杂的,许多参数都不能直接得到。振动波-能量流的方法对于解决纯梁、板、圆柱壳结构的结构噪声问题是很有效的,而对于复杂结构的求解还未见报道。从简化求解的观点来看,机械阻抗分析法似乎是很好的方法,然而,为计算振动波的传递,必须知道传递路径上结构的振动阻抗、边界条件等,但对于船体这样的复杂结构,除非做一些假设,否则不可能得到其振动阻抗值。在实际计算分析中,有限元分析法是比较有效的工具之一。

用有限元方法对结构的静力、动力问题进行计算的过程一般分两步:第一步是建立有限元模型(包括几何模型、单元划分、载荷工况、边界条件);第二步选择适当的分析计算方法进行分析计算。目前,在工程结构振动声学性能计算中,现成的通用有限元软件有 MARC、NASTRAN、ANSYS、SAP、SUPERSAP,但要求单元的尺寸远远小于振动波长。在国内外船舶设计中,已广泛使用有限元方法计算结构的自振频率。实践表明,利用有限元方法计算自振频率避免共振的费用,较消除已建成的船舶上的共振的费用小得多。

从理论上讲,利用有限元方法可以计算任意结构中的振动场,包括计算高频的结构声场问题。但最主要的障碍来自计算机自身计算能力的限制,对于规模较小的有限元模型,可以计算较高频率的噪声;对于规模较大的有限元模型,就必须较少计算频率的步数及阶数。

1. 有限元模型网格细化

对于位移响应谱,高频激励的贡献是很小的,主要由低频激励决定,而低频激励的响应主要是由低阶模态响应决定,因此用有限元方法求解结构位移响应是有效的,不存在频率上限的问题;但对于结构加速度响应来说,高频激励与低频激励的作用是同等的,高阶模态的加速度响应是整个加速度响应的重要组成部分,有限元方法对高频激励的加速度响应分析是有困难的,存在频率上限的问题。主要是由于单元尺寸过大,而在单元中变形是线性的,无法真实表达振动波。有学者从波动理论出发,提出了有限元方法适用的频率范围与有限元的单元大小有关。为了使有限元的离散结构能更好地描述结构中的振动波的传播,一个波长内至少应有 5 个节点(4 个单元)。由此导出单元长度的细化标准,即单元长 $\Delta \leqslant \lambda_{min}/4$ 的细化标准,其中 λ_{min} 为最小振动波波长。这样通过分析频率上限所对应的振动波波长来确定有限元网格划分的标准。

2. "倒 T"形组合板结构有限元计算模型的建立

在船舶基座结构中通常采用"倒 T"形组合钢板结构作为基座与船体的连接形式。本文取"倒 T"形组合钢板结构为计算的力学模型进行研究,在两块板的结合部位加方钢,在垂直板上加激励载荷,对此载荷作用下结构的频率响应进行计算,考察结构中各测点在加方钢前后的加速度响应值的变化。模型的水平板长为 2 m,宽为 0.3 m,垂直方向的板高为 0.3 m,板的厚度全部取为 3 mm,方钢尺寸为 30 mm×30 mm。模型的几何形状如图 6.4 所示。

板结构采用板单元模拟,方钢结构采用三维体单元模拟,由于计算频率较高,所以单元按上节所述进行细化,单元划分如图 6.4 所示。

整个结构共有板单元 2 280 个,三维体单元 80 个,有限元模型的节点总数为 2 499 个,

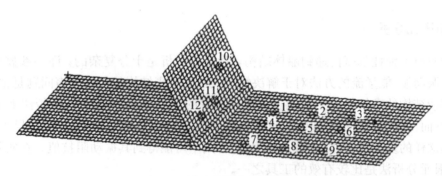

图 6.4 模型结构及单元划分图

单元总数为 2 360 个,水平板两端刚性固定,垂直板上受到水平向右激振力,在竖直板上将产生弯曲波。从载荷的频谱可以看出在各频率上载荷大小均匀分布。

3. 计算结果及分析

计算得到模型上各点在 1~3 000 Hz 频率段上的加速度响应值,为了可以与实验结果进行比较,而且更好地表达振动的传递性质,将计算得出的加速度结果转化成传递函数的形式,利用程序输出的各点的频率响应以及激励载荷频谱,通过式(6.3)计算得到各点的加速度传递函数值,即

$$H(f_i) = \frac{a(f_i)}{F(f_i)} \tag{6.3}$$

将上述离散值利用 MATLAB 软件编写程序拟合,并画出传递函数的线性谱图。其中 $a(f_i)$ 可通过有限元计算得到,$F(f_i)$ 可通过激励的频谱曲线得到,f_i 表示波长为 2.5 Hz 的频率分量。

4. 结构噪声的评定

如果振动级与噪声级以类似的形式用分贝表示,大多采用加速度分贝,则加速度均值 a 的分贝数为

$$L_a = 20\lg\frac{a_1}{a_2}\,\mathrm{dB} \tag{6.4}$$

式中,a_1 表示施加隔振装置后的结构响应加速度在各频带上求和;a_2 表示施加隔振装置前的结构响应加速度在各频带上求和。

因为此研究采用的激励为连续谱,且只有单一的载荷,所以可以将所有频带中的加速度传递函数响应均值相加(篇幅限制,这里不列出)来得到总噪声级。

6.4 噪声的有限元计算分析实例

6.4.1 概述

随着海上结构物设计趋向节能、环保、人性化,船舶设计除满足功能使命外,对船上主要

生活区和主要舱室提出了更加严格的噪声控制要求。船舶噪声不仅会影响舱内各种仪器、设备的正常运行,还会导致某些结构声振疲劳破坏。对长期居住在舱室的船员来说,轻则影响到生活和工作环境的舒适度,重则危害船员身体健康。因此,国际海事组织和各国船级社都有明确噪声标准,尤其验船时船东对噪声有更高的要求。

本节对 48 000 t 油船的噪声进行了计算分析,其主要计算内容包括:全船低中频域噪声有限元分析法(FEA)计算,全船中高频域噪声统计能量分析法(SEA)计算两部分。低中频段主要是确定船体螺旋桨及主机运转时所产生的结构噪声以及主机低中频段的空气噪声;中高频段主要是确定主机及各舱室风机、空调、发电机等设备所产生的中高频段空气噪声。之后,对相关舱室在人可听声频范围进行 1/3 倍频程的声压级合成,求得总声压级。并根据国际海事组织(IMO)规范评判计算结果,避免由于噪声给船上工作人员的工作和生活带来不利影响。

6.4.2　计算说明

船级符号:CSA Oil Tanker,Double hull,ICE CLASS B,LOADING COMPUTER,CSR,COW CSM AUT-0,VCS,IGS。

船舶主尺度的参考数据如表 6.1 所示。

表 6.1　船舶主尺度的参考数据

类型	参数
总长/m	184.88
垂线间长/m	176.00
型宽/m	32.20
型深/m	18.60
设计吃水/m	11.00
结构吃水/m	12.40
航速/kn	14.60
方形系数	0.826 3

计算分析依据的主要图纸及文件有总布置图、舯部货舱区结构图、艏部货舱区结构图、舯部货舱区结构图、上层建筑结构图、艏部结构图、艉部结构图、机舱结构图、型线图舱室布置图、木作布置图、绝缘布置图、空调通风管布置图、机械通风自然通风管路图、甲板敷料布置图。

6.4.3　船体主要振动噪声激励源

船体主要振动噪声源有主机、螺旋桨、通风和空气调节系统和液压系统等,它们的振动噪声谱均由设备厂商提供,具体数值如表 6.2～表 6.4 所示。

表 6.2 主机噪声与振动速度谱

频率/Hz	主机噪声声压级/dB(A)		主机振动速度级/dB(A)	
	压载	满载	压载	满载
31.5	97.6	98.3	78	78.8
63	96.4	97.3	76.4	77.3
125	95	95.8	73.5	74.5
250	94.9	95.7	70.8	71.7
500	94.7	95.6	70.2	71.1
1 000	95.4	96.3	64.6	65.7
2 000	96.2	97.6	58.7	59.9
4 000	92.7	94.9	50.3	51.7
8 000	85.3	87.3	43.3	44.6
总声级	101.3	102.7	—	—

注:主机噪声参考声压一般取 $2.0*10^{-5}$ Pa;主机振动速度一般取 $5*10^{-8}$ m/s。

表 6.3 风机噪声(A 声级)

风机型号	总声压级,A 声级噪声/dB
JCL-21	87
JCL-20	86
JCL-18	83
JCL-16	77
JCL-15	72
FA-45-2	92
FA-35-2	85
CK315C	50
CK315B	49
CK250C	49
CK200A	48

表 6.4　空调器及压缩机组噪声(A 声级)

设备名称	A 声级噪声/dB
空调器	60
冷藏压缩机组	61
空调压缩机组	75

螺旋桨激励大小及位置与受迫振动响应计算一样进行施加,其详细数值可参考振动计算书。

6.4.4　计算工况

根据 IMO 规范要求,48 000 t 油船的噪声计算分满载离港(HOMO DEP.)和压载到港(NORM BALLAST ARR.)两种装载状态分别进行,各装载状态的整体振动计算参数如表 6.5 所示(具体可参见船体设计装载手册);两种装载状态的装载示意图如图 6.5 和图 6.6所示。

表 6.5　各装载状态振动计算参数

装载状态	总重量/t	吃水/m	X_{CG}/m	Y_{CG}/m	Z_{CG}/m
满载离港 HOMO DEP. DESIGN DRAFT	53 172.2	11.001	90.605	−0.028	10.887
压载到港 NORM BALLAST ARR.	28 761.8	6.289	92.721	0.025	8.271

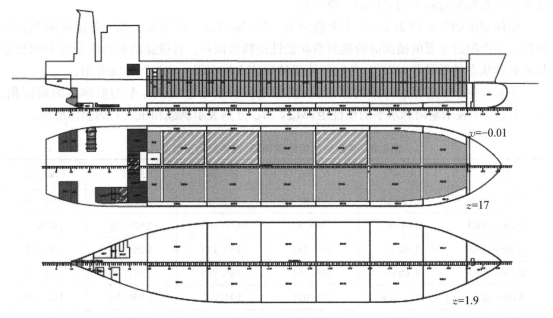

图 6.5　满载离港状态示意图

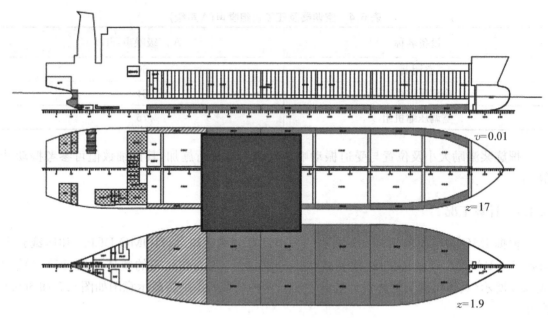

图 6.6 压载到港装载状态

6.4.5 有限元模型

48 000 t 油船的振动计算有限元船体梁混合模型完全依据各相关专业的设计图纸来进行,前处理运用大型商用有限元软件 MSC/PATRAN,之后将模型导入 VA One2009 中。

模型的总体坐标系采用右手笛卡儿坐标系:X 轴方向为船长方向,指向船艏;Y 轴方向为船宽方向,自中纵剖面指向左舷;Z 轴方向为型深方向,自基线指向甲板。结构模型的建立和载荷在施加过程中均采用国际单位制。

船体梁由肋位 #49 开始,每十个肋位为一组,每组用一段梁来模拟。各段梁的截面积和惯性矩由附近主要的横剖面的截面积和惯性矩插值而得。各段梁的船体质量分布则根据相应装载状态的质量分布而得,各段船体梁的附连水将在下一节进行详细介绍。

表 6.6 列出了各段船体梁的截面积、惯性矩和质量分布,其中,A 为船体梁的截面积;K_v,K_h 分别表示垂向和水平的惯性矩;M_{ss},M_{bs} 分别表示满载和压载时的船体质量。

表 6.6 各段船体梁的截面积、惯性矩和质量分布

船体梁	A/m^2	K_v/m^4	K_h/m^4	M_{ss}/t	M_{bs}/t
#49～#59	3.534 39	428.835	178.69	2 591.47	1 063.44
#59～#69	3.619 91	466.5	187.405	2 921.01	1 008.81
#69～#79	3.629 9	466.761	189.747	2 984.73	1 116.8
#79～#89	3.629 9	466.761	189.747	3 012.91	1 540.47
#89～#99	3.677 78	478.071	194.033	2 966.89	1 504.58
#99～#109	3.677 78	478.071	194.033	2 997.1	1 663.13

（续表）

船体梁	A/m^2	$K_\mathrm{v}/\mathrm{m}^4$	$K_\mathrm{h}/\mathrm{m}^4$	M_ss/t	M_bs/t
♯109～♯119	3.677 78	478.071	194.033	2 970.13	1 500.25
♯119～♯129	3.677 78	478.071	194.033	2 954.39	1 497.35
♯129～♯139	3.677 78	478.071	194.033	2 995.03	1 654.5
♯139～♯149	3.677 78	478.071	194.033	2 957.63	1 491.62
♯149～♯159	3.677 78	478.071	194.033	2 918.58	1 488.43
♯159～♯169	3.677 78	478.071	194.033	3 016.37	1 643.12
♯169～♯179	3.677 78	478.071	194.033	2 941.03	1 476.26
♯179～♯189	3.665 2	468.02	190.632	2 879.63	1 704.66
♯189～♯199	3.490 73	325.42	171.631	2 623.08	1 589.9
♯199～♯209	3.157 63	233.753	148.521	2 145.26	1 585.75
♯209～♯219	1.578 815	116.876 5	74.260 5	506.43	492.44
♯219～♯229	0.789 407 5	58.438 25	37.130 25	236.92	236.92
♯229～♯236	0.394 703 8	29.219 125	18.565 125	135.02	135.02

在船体各装载状态的重量调整中，船体自身重量的调整是通过调节单元结构的材料密度和施加典型结构质量点来实现的。

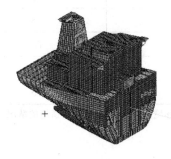

图 6.7　全船有限元模型示意图

6.4.6　附连水

低频有限元模型采用势流理论方法，即船体附连水振动质量通过在 MSC/NASTRAN 内部定义有限元模型湿表面单元以及吃水高度来自动完成其计算。对于高频统计能量模型，可以通过定义子系统与水接触一侧的介质为海水来加附连水。

6.4.7 船舶舱室噪声规范

船舶噪声最大声压级的限制,如果船东与船舶制造厂商之间没有特别规定,一般参照国家(入级船级社)或国际在这方面的法规间接确定,目前大多数船东都参照 SBG(海上雇用人员责任保险)规范或 IMO 规范。其中 IMO 关于船舶舱室噪声的标准如表 6.7 所示。

表 6.7　IMO 船舶舱室噪声标准

位　　置		噪声 A 声级 */dB
工作区域	无控制室机舱	90
	有控制室机舱	110
	机械控制室	75
	机修间	85
	其他工作处所	90
驾驶区域	桥楼和海图室	65
	收听点,包括桥楼翼板和窗户	70
	无线电室(无线电设备运行但不发射音频信号)	60
	雷达室	65
生活区域	居住舱室和医务室	60
	餐厅	65
	娱乐室	65
	露天娱乐场所	75
	办公室	65
后勤区域	厨房,厨具非操作时	75
	备餐室和配餐室	75
一般非占用区域	非指明空间	90

* 表示:当噪声超过 A 声级 85 dB 时要提醒戴护耳器的人注意,在这种噪声环境里,在没有任何保护措施的情况下,每天不能连续待 4 个小时或总时间不能超过 8 小时。

6.4.8 全船全频域噪声计算模型

根据统计能量分析模型中每个子系统的模态密度 $n(f)$ 大小或单位带宽 Δf 内振型数 $N(=n(f) \cdot \Delta f)$ 的多少,可以把目标船的频率范围划分为:低频区($N \leqslant 1$),高频区($N \geqslant 5$),和中频区($1 < N < 5$)。

所有频段计算模型均由板梁结构模型(舱室甲板和壁板)、声腔模型(由舱室甲板和壁板所围成的封闭的声空间)和它们的耦合连接组成,模型中的子系统(Subsystem)模拟振动声学系统里传递能量的各种结构和声学元件,连接(Junction)模拟子系统之间的连接和能量传递方式,源(Source)模拟向子系统输入能量的各种振动噪声源。

1. 中低频域声学有限元模型

声学有限元方法适用于解决中低频域噪声预报问题,本节目标船中低频域计算范围 (20~100 Hz)。船体三维声学有限元模型如图 6.8 和图 6.9 所示,模型中节点总数为 127 898,有限元子系统总数为 1 580。流体特性普通舱室为空气,压载水舱为海水。

图 6.8　船体板梁结构有限元模型图

图 6.9　船体舱室声腔有限元模型

对船体结构的模态计算采用 MSC/NASTRAN 软件。计算中所采用的结构参数:船体 材料密度 $7\,800\,\mathrm{kg/m^3}$,弹性模量 $2.1 \times 10^{11}\,\mathrm{N/m^2}$,泊松比为 0.3。船体结构模态计算频率范 围为 0~110 Hz,声腔模态计算范围为 0~130 Hz。由于篇幅有限,只给出结构模态如 图 6.10 至图 6.11 所示,典型舱室声腔模态如图 6.12 至图 6.13 所示。

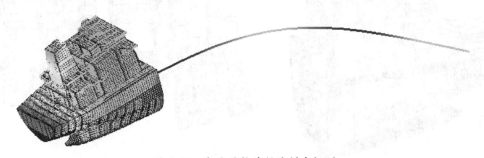

图 6.10　船体结构某低阶模态振型

图 6.11　船体结构某高阶模态振型

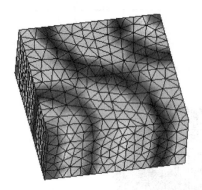

图 6.12　上层建筑 C 甲板船长室声腔模态

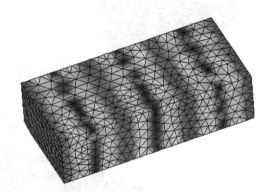

图 6.13　机舱 B 平台集控室声腔模态

2. 高频域声学统计能量模型

统计能量法是一种用于描述动态系统各构件平均振动声学特性的重要方法,在高声频范围内具有足够的精度。本节所建立的船体高频域统计能量模型(见图 6.14~图 6.15),是基于有限元几何模型构建的。然后,根据相关结构设计图,为每个子系统附定义属性(包括板架加筋形式和材料相关属性,如图 6.16 所示,其中涵盖材料内阻尼系数)。最后,将所有子系统进行连接。该模型中的节点总数为 28 825,子系统数为 4 829。建模中附连水质量由指定那些子系统外表面接触水来模拟计算,压载水舱用材料为海水的声腔来模拟。

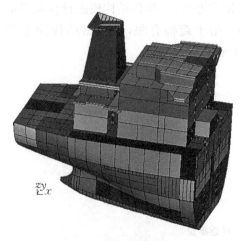

图 6.14　船体统计能量板梁子系统模型

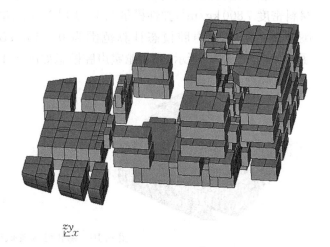

图 6.15　船体统计能量声腔子系统

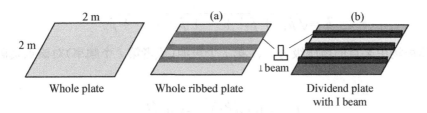

图 6.16　船体 SEA 板子系统加筋模型

决定统计能量分析方法计算精度的因素之一是每个子系统模态密度和单位带宽 Δf 内振型数 $N(N \geqslant 5)$，因此，在进行计算前，必须首先计算出各子系统模态密度，据此确定出满足计算精度的下限频率。为验证统计能量方法计算精度范围的可靠性，图 6.17 和图 6.18 分别给出典型部位声腔、板梁子系统单位带宽振型数计算结果。

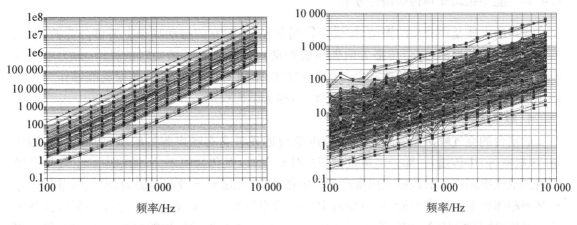

图 6.17　声腔子系统模态数计算结果　　　图 6.18　板梁子系统模态数计算结果

如图 6.17 和图 6.18 所示，模型在 100 Hz 以上的模态密度基本满足高频域要求。因此，舱室全频域振动声学分析中，统计能量分析方法计算精度覆盖了全频段绝大部分频率范围（100～12 500 Hz）。而在 100 Hz 以下，板梁子系统存在一些子系统的模态密度无法满足统计能量分析方法的计算要求的问题。

另外，声学统计能量法在对噪声进行预报时，主要取决于三个参数值的准确估算：单个子系统的模态密度（上文已分析）；单个子系统的内部损耗因子，本例取 1.0%；各子系统间的耦合损耗系数，本例由程序根据各子系统属性自动进行计算所得。

6.4.9　舱室振动噪声计算分析

通过计算频率范围 20～12 500 Hz，所得各甲板舱室噪声 A 声压级曲线见附录 A 和 B 所示，再根据式（6.7）进行叠加所得到的总声压级即为目标舱室噪声声压级。

船舶正常作业时，存在多个声源，设其声源数为 n。船体声场中每个位置均受这 n 个声源的共同作用。设各声源单独产生的声压分别为 $\vec{p}_i$，则总声压如式（6.5）所示，即

$$\vec{p} = \sqrt{\vec{p}_1{}^2 + \vec{p}_2{}^2 + \cdots + \vec{p}_i{}^2 + \cdots + \vec{p}_n{}^2} \tag{6.5}$$

设船体声场中某点的声压级为 L_p，第 i 个声源(或者第 i 个频率)对该点贡献的声压级为 L_{pi}，即

$$L_{pi} = 10\lg\left(\frac{p_i}{p_0}\right)^2 = 20\lg\left(\frac{p_i}{p_0}\right) \tag{6.6}$$

则由式(6.5)和式(6.6)求得该点的总声压级分贝数公式为

$$L_p = 10\lg\left(\frac{p}{p_0}\right)^2 = 10\lg\left(\sum_{i=1}^{n} 10^{\frac{L_{pi}}{10}}\right) \tag{6.7}$$

式(6.7)中基准声压 p_0 为 2×10^{-5} Pa。可见，声级相加(或相减)与基准声压 p_0 无关。

6.4.10 舱室振动噪声传播路径分析

噪声的本质是声介质的振动，按噪声传播路径分，舱室的振动噪声主要可分为两类：当振动转化为空气振动(声音传播方向做压缩振动)，而能被人耳接受时的噪声，称为空气噪声；声频范围内，机器设备的振动以波的形式在船体结构中传播，并且该振动能够作为二次声源(比如舱壁等板架结构)辐射出空气噪声，称为结构噪声。

1. 舱室的空气噪声

舱室台的空气噪声主要集中在距噪声源较近或者含有噪声源的舱室(如机舱、空调机室、风机室等)中传播，一部分是透过壁板向外辐射外，其传播机理是：舱室中的空气噪声源辐射的空气噪声声压对该舱室围壁产生力的作用，并在围壁上激起声振动，而此围壁的声振动又向相邻舱室辐射出声能，从而导致中高频段空气噪声可以通过层层舱壁辐射到其他舱室。但是，对于密闭较好的舱室，由于在进行每一次声能与振动机械能的转化过程中，能量损耗较大，严格限制了中高频域噪声能量辐射距离，因此，上层建筑居住舱室的计算结果相对要小得多。另一部分是透过其他一切可能通道(如板缝、楼梯道、烟囱、门窗等)向其他舱室传播。

2. 舱室的结构噪声

舱室结构噪声主要是由主机等声源通过机座的振动传到船体结构的。由于此类噪声主要是中、低频噪声，很容易传遍全船而到达各个舱室，再由甲板、舱壁和其他结构表面振动引起它们周围空气的弹性振动，从而产生人耳能够接受的空气噪声。结构噪声虽较空气噪声容易传播，但是由于船体结构的阻尼作用，结构噪声会随着传播距离的增加逐渐衰减，但当船体某局部结构固有频率和声波频率一致时，会发生吻合效应，导致该处的结构噪声依然较强。另外，此类噪声不仅易传播，而且由于其传播特性极其复杂，一旦超标，将很难对其进行有效处理。这也是要对船舶进行舱室噪声预报的原因之一。

经计算如图 6.19 和图 6.20 所示，舱室噪声主要是从机舱向其四周舱室传播的，由于高频域的声能在其传播过程相对易损耗，当噪声到上层建筑居住舱室时，高频段声压级已经降到较低值；中、低频噪声在其传播过程中，声能不易损耗，导致其传播距离较高频噪声远。而本船的主要振动噪声源主机的噪声能量主要集中在中、低频，易导致相关舱室噪声超标，因此对其进行噪声预报是必要的。

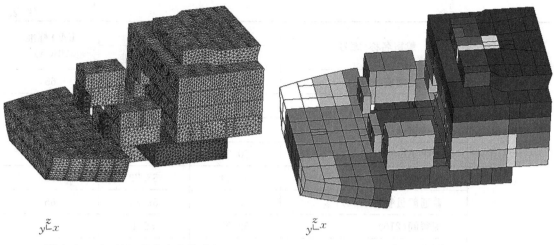

图 6.19　中、低频域噪声传播路径　　　　图 6.20　高频域噪声传播路径

6.4.11　噪声预报结果分析

由于风机、空调噪声源没有相应的噪声谱,不便以噪声声源的形式直接加入计算中,但考虑对舱室噪声结果的影响(尤其对其所在舱室噪声声压级的影响),对相应舱室进行噪声修正是有必要的。所关注舱室修正后总声压级基本满足 IMO 规范要求。各舱室修正后所得结果如表 6.8 所示。

表 6.8　修正后各舱室噪声总声压级

舱室位置	舱室名称(编号)	总声压级 dB(A)		IMO 标准 dB(A)
		压载到港	满载出港	
驾驶甲板	引水员(501)	58.23	59.45	60
	驾驶室(502)	57.13	59.46	65
	航行设备间(503)	63.64	64.49	65
C 甲板	二、三管轮(407&8)	56.67	57.63	60
	二、三副(401&2)	57.67	57.03	60
	船长办公室(403)	45.77	59.79	60
	轮机长办公室(406)	48.26	49.85	60
	大副、大管轮室(404&5)	48.5	57.38	60
	信息管理室(410)	51.78	60.21	65
	船东、电机员室(416&409)	50.07	59.81	60
B 甲板	机匠 A&B&C(313&4&5)	48.4	57.89	60
	水手 D&E(305&6)	46.28	51.93	60
	机匠长等室(307~9)	52.2	53.59	60
	木、泵匠室(310&1)	47.19	51.69	60

(续表)

舱室位置	舱室名称(编号)	总声压级 dB(A)		IMO 标准 dB(A)
		压载到港	满载出港	
	海关贮藏室(322)	48.59	53.85	65
	资料室(323)	49.54	53.7	65
	会议室(316)	49.28	53.15	65
	水手 A&B&C(301&2&4)	50.24	56.11	60
A甲板	配餐间(218)	55.44	58.73	75
	普通船员餐厅(208)	55.64	59.34	65
	配餐间(216)	52.95	55.1	75
	厨房(217)	58.56	66.43	75
	高级船员餐厅(215)	57.94	63.57	65
	惰性气体室(221)	72.06	72.14	90
	吸烟室(207)	51.27	53.07	65
	应急发电机室(220)	52.25	54.95	90
	厨师 & 服务员(201&2)	48.93	50.98	60
	货油控制室(205)	48.68	54.17	65
	甲板部办公室(206)	51.74	53.08	65
	实习生 A&B(203&4)	57.07	58.59	60
上甲板	苏伊士船员室(116)	58.97	56.27	60
	医务室(115)	59.62	53.66	60
	液压泵间(104)	62.58	63.32	90
	健身房(102)	57.9	58.86	65
	消防控制室(101)	66.84	68.68	75
	甲板部更衣室(107)	70.08	71.88	75
	食品库(119)	55.68	57.4	90
	轮机部办公室(105)	54.84	57.27	65
	缓冲间(118)	68.2	69.69	90
	空调机室(114)	87.04	87.10	90
	轮机部更衣室(108)	63.28	64.25	75
	岸电箱室(126)	63.23	64.03	90
	氧气室(124)	85.02	85.03	90
	CO_2 室(120)	86.02	86.02	90
	乙炔室(123)	83.02	83.03	90

（续表）

舱室位置	舱室名称（编号）	总声压级 dB(A)		IMO 标准 dB(A)
		压载到港	满载出港	
	惰性气体室（122）	76.07	76.13	90
A 平台	机修间（A01）	76.6	79.89	85
	备件间（A03）	63.9	64.43	90
	舵机舱（A06）	73.24	73.43	90
B 平台	集控室（B01）	73.57	72.78	75
	电工间（B02）	68.55	69.38	90
	电工备件间（B03）	63.66	64.37	85
	机舱	105.99	106.19	110

6.4.12　结果判断

振动噪声是船舶设计与建造过程中所需考虑的重要因素。因为它们会对船员的健康和居住安全产生不利影响。

由于船舶与海洋工程结构与汽车和常用机械设备等相比，结构更为庞大，声学环境更为复杂，所以在对其振动噪声预报过程中存在较多难点。主要表现为振动噪声源较多、声功率大且频谱较宽，传播路径及其涉及因素极其复杂，计算量巨大等。本节以 VA One 为平台，结合有限元方法和统计能量法对 48 000 t 油船的舱室噪声及其传播路径进行全频域预报，根据 IMO 规范要求对各舱室进行评估。经计算，所关注舱室修正后总声压级基本满足 IMO 规范要求。

第 7 章 船体复合材料结构的有限元分析

7.1 计算条件

本船是长度为 23.94 m 的双体动力艇船。其船体结构主要为采用玻璃钢糊制而成的夹层板结构,其余为层压板结构。夹层板和层压板结构都是纤维增强塑料,由于该类材料的特殊力学特性,使得对艇体强度的校核计算及有限元建模方法与普通钢质船有所不同。本书的计算按照中国船级社(CCS)《游艇入级与建造规范》的相关规定进行,并按照该规范的有关条款指导,参考《海上高速船入级与建造规范》的相应规定对艇体结构总横向强度和总扭转强度进行直接计算。本次计算采用的软件是 MSC. PATRAN/NASTRAN。

7.2 计算目标

根据 CCS《游艇入级与建造规范》第 2 章第 1.1.5(6)节中对于双体游艇的要求,校核两片体连接桥总横强度、扭转强度和垂向剪切强度。校核方法参考 CCS《海上高速船入级与建造规范》相应规定。根据 CCS《海上高速船入级与建造规范》第 4 章第 4.8.1.3 节要求,对各类双体船,不论其尺度,都应校核其在波浪中航行时的总横强度和扭转强度。根据《海上高速船入级与建造规范》4.8.8.5 规定,还应按 4.8.6.3 规定的剪力 Q_t,计算校核连接桥结构纵剖面承受剪力的构件内的剪切强度。

本船模型的计算载荷及计算工况参考 CCS《海上高速船入级与建造规范》的相关要求。

7.3 游艇基本资料

7.3.1 主尺度

游艇的主尺度参数如表 7.1 所示。

表 7.1　游艇的主尺度参数

参数名	参数值
船长 L_H/m	23.94
设计水线长 L_{wl}/m	23.487
满载排水量 $\triangle$/t	83.2
艇宽 B/m	10.36
型深 D/m	3.789
满载吃水 d/m	1.09
片体中心距/m	7.10
片体水线宽/m	5.60
肋距/m	0.80
设计船速/kn	11.5
设计类别	IV
有义波高/m	1

7.3.2　计算文件依据的图纸资料

(1) 型线图(Lines)。

(2) 总布置图(General Arrangement)。

(3) 横剖面图(Transverse Section)。

(4) 基本结构图(Structural Plans)。

(5) 结构计算书(Structural Calculations)。

(6) 铺层设计(Lamination Tables)。

7.3.3　船体材料

本船所有结构均为玻璃钢夹层板结构,夹层板是由两层较薄的层板和中间一层较厚的芯材构成的合成板。其中芯材主要是聚氯乙烯泡沫塑料(PVC),层板是由短切毡和无捻多轴向布敷成。根据《材料与焊接规范》第 2 篇第 3 章的材料性能参数相关规定可总结如下:

(1) 以无捻粗纱正交布增强的夹层结构的面板假定为正方对称层板,即 $E_1 = E_2$,$\dfrac{E_1}{E_2} = \dfrac{\upsilon_1}{\upsilon_2}$($E_1$,$E_2$ 为层板主方向的弹性模量;υ_1,υ_2 为层板主方向的泊松比)。

(2) 以短切毡增强的夹层结构的面板假定为各向同性材料。

(3) 夹层板的聚氯乙烯泡沫塑料芯材或聚氨酯泡沫塑料(PU)芯材可以假定为各向同性材料。

整个艇体中的主要结构板材铺层方式如表 7.2~表 7.6 所示。

表 7.2　船体结构积压表

Layer 层数	Material 材料	Lamination Method 积压方法	Resin Type 树脂类型	Fiber Weight 纤维重量/(g/m²)	G	Resin Weight 树脂重量/(g/m²)	Total Weight 总重量/(g/m²)	Thickness 厚度/mm	A-Single Skin A-单层	B-Sandwich B-三明治
1	MAT 30 * not counted in total thickness	hand lay-up	乙烯基酯	30	0.300	70	100	0.07	X	X
2	MAT 450	hand lay-up	乙烯基酯	450	0.370	766	1 216	0.81	X	X
3	BX800 +/−45 deg	hand lay-up	乙烯基酯	800	0.430	1 060	1 860	1.20	X	X
4	MAT 450	hand lay-up	乙烯基酯	450	0.370	766	1 216	0.81	X	X
5	BX800 +/−45 deg	hand lay-up	乙烯基酯	800	0.430	1 060	1 860	1.20	X	X
6	UD900 0 deg	infusion	间苯二甲酸聚酯树脂	900	0.680	424	1 324	0.70	X	X
7	LT800 0/90 deg	infusion	间苯二甲酸聚酯树脂	800	0.680	376	1 176	0.63	X	X
8	GURIT PVC 80 kg/m³						2 400	30.00		X
9	LT800 0/90 deg	infusion	间苯二甲酸聚酯树脂	800	0.680	376	1 176	0.63	X	X
10	UD900 0 deg	infusion	间苯二甲酸聚酯树脂	900	0.680	424	1 324	0.70	X	X
11	LT800 0/90 deg	infusion	间苯二甲酸聚酯树脂	800	0.680	376	1 176	0.63	X	X
12	LT800 0/90 deg	infusion	间苯二甲酸聚酯树脂	800	0.680	376	1 176	0.63	X	X
13	LT800 0/90 deg	infusion	间苯二甲酸聚酯树脂	800	0.680	376	1 176	0.63	X	X
14	MAT 450	infusion	间苯二甲酸聚酯树脂	450	0.370	766	1 216	0.81	X	X

注:(1) 乙烯基酯(vinylester);间苯二甲酸聚酯树脂(iosphthalic polyester)。
(2) G:总重量中玻璃纤维的占比。

表 7.3　甲板结构积压表

Layer 层数	Material 材料	Lamination Method 积压方法	Resin Type 树脂类型	Fiber Weight 纤维重量 p （g/m²）	G	Resin Weight 树脂重量 q （g/m²）	Total Weight 总重量 （g/m²）	Thickness 厚度/ mm	A- Single Skin A- 单层	B- Sandwich B- 三明治
1	MAT 30 * not counted in total thickness	hand lay-up	间苯二甲酸聚酯树脂	30	0.300	70	100	0.07	X	X
2	MAT 450	hand lay-up	间苯二甲酸聚酯树脂	450	0.370	766	1 216	0.81	X	X
3	BX800 ＋/－ 45 deg	hand lay-up	间苯二甲酸聚酯树脂	800	0.430	1 060	1 860	1.20	X	X
4	MAT 300	hand lay-up	间苯二甲酸聚酯树脂	300	0.370	511	811	0.54	X	X
5	LT800 0/90 deg	infusion	间苯二甲酸聚酯树脂	800	0.680	376	1 176	0.63	X	X
6	LT800 0/90 deg	infusion	间苯二甲酸聚酯树脂	800	0.680	376	1 176	0.63	X	X
7	GURIT PVC 60 kg/m³			1 800			1 800	30.00		X
8	LT800 0/90 deg	infusion	间苯二甲酸聚酯树脂	800	0.680	376	1 176	0.63	X	X
9	LT800 0/90 deg	infusion	间苯二甲酸聚酯树脂	800	0.680	376	1 176	0.63	X	X
10	LT800 0/90 deg	infusion	间苯二甲酸聚酯树脂	800	0.680	376	1 176	0.63	X	X
11	LT800 0/90 deg	infusion	间苯二甲酸聚酯树脂	800	0.680	376	1 176	0.63	X	X
12	MAT 300	infusion	间苯二甲酸聚酯树脂	300	0.370	511	811	0.54	X	X

表7.4 舱壁结构积压表

Layer 层数	Material 材料	Lamination Method 积压方法	Resin Type 树脂类型	Fiber Weight 纤维重量 p (g/m²)	G	Resin Weight 树脂重量 q (g/m²)	Total Weight 总重量 (g/m²)	Thickness 厚度/ (mm)	A- Single Skin A- 单层	B- Sandwich B- 三明治
1	MAT 450	hand lay-up	间苯二甲酸聚酯树脂	450	0.370	766	1 216	0.81	X	X
2	LT800 0/90 deg	infusion	间苯二甲酸聚酯树脂	800	0.680	376	1 176	0.63	X	X
3	LT800 0/90 deg	infusion	间苯二甲酸聚酯树脂	800	0.680	376	1 176	0.63	X	X
4	LT800 0/90 deg	infusion	间苯二甲酸聚酯树脂	800	0.680	376	1 176	0.63	X	X
5	LT800 0/90 deg	infusion	间苯二甲酸聚酯树脂	800	0.680	376	1 176	0.63	X	X
6	GURIT PVC 80 kg/m³			2 400			2 400	30.00		X
7	LT800 0/90 deg	infusion	间苯二甲酸聚酯树脂	800	0.680	376	1 176	0.63	X	X
8	LT800 0/90 deg	infusion	间苯二甲酸聚酯树脂	800	0.680	376	1 176	0.63	X	X
9	LT800 0/90 deg	infusion	间苯二甲酸聚酯树脂	800	0.680	376	1 176	0.63	X	X
10	LT800 0/90 deg	infusion	间苯二甲酸聚酯树脂	800	0.680	376	1 176	0.63	X	X
11	MAT 450	hand lay-up	isophthalic polyester 间苯二甲酸聚酯树脂	450	0.370	766	1 216	0.81	X	X

表7.5 ST-A结构积压表

Layer 层数	Material 材料	Fiber Weight 纤维重量 p (g/m²)	G	Resin Weight 树脂重量 q (g/m²)	Total Weight 总重量 (g/m²)	Thickness 厚度/mm	Web 腹板	Flange 面板
1	MAT 450	450	0.350	836	1 286	0.87	X	X
2	BIAX(0/90)+ MAT 600/225	825	0.411	1 182	2 007	1.31	X	X

（续表）

Layer 层数	Material 材料	Fiber Weight 纤维重量 $p(g/m^2)$	G	Resin Weight 树脂重量 $q(g/m^2)$	Total Weight 总重量 (g/m^2)	Thickness 厚度/mm	Web 腹板	Flange 面板
3	BIAX（0/90）+ MAT 600/225	825	0.411	1 182	2 007	1.31	X	X
4	BIAX（0/90）+ MAT 600/225	825	0.411	1 182	2 007	1.31	X	X
5	UD1200	1 200	0.550	982	2 182	1.29		X
6	UD1200	1 200	0.550	982	2 182	1.29		X
7	BIAX（0/90）+ MAT 600/225	825	0.411	1 182	2 007	1.31	X	X
8	BIAX（0/90）+ MAT 600/225	825	0.411	1 182	2 007	1.31	X	X
总厚度						mm	7.4	10.0

表7.6　ST－B结构积压表

Layer 层数	Material 材料	Fiber Weight 纤维重量 $p(g/m^2)$	G	Resin Weight 树脂重量 $q(g/m^2)$	Total Weight 总重量(g/m^2)	Thickness 厚度/mm	Web 腹板	Flange 面板
1	MAT 450	450	0.350	836	1 286	0.87	X	X
2	BIAX（0/90）+ MAT 600/225	825	0.411	1 182	2 007	1.31	X	X
3	BIAX（0/90）+ MAT 600/225	825	0.411	1 182	2 007	1.31	X	X
4	UD1200	1 200	0.550	982	2 182	1.29		X
5	UD1200	1 200	0.550	982	2 182	1.29		X
6	BIAX（0/90）+ MAT 600/225	825	0.411	1 182	2 007	1.31	X	X
7	BIAX（0/90）+ MAT 600/225	825	0.411	1 182	2 007	1.31	X	X
总厚度						mm	6.1	8.7

7.3.4 坐标系

坐标系统取右手坐标系：

（1）x 轴方向为船体的纵向，向船首方向为正。

（2）y 轴方向为船体的横向，向左舷为正。

（3）z 轴方向为船体的垂向，向上为正。

7.3.5 材料参数及有限元模拟实现

根据挪威船级社型式认可证书（DNV TYPE APPROVAL CERTIFICATE）要求，H80 芯材弹性模量 $E_1 = 95\,\mathrm{MPa}$，剪切模量 $G = 27\,\mathrm{MPa}$，密度取 $80\,\mathrm{kg/m^3}$。H60 芯材拉伸模量 $E_1 = 75\,\mathrm{MPa}$，剪切模量 $G = 20\,\mathrm{MPa}$，密度取 $60\,\mathrm{kg/m^3}$。

根据《石油和化学工业新材料与制品质量监督检验中心检验报告》，CSM300×2＋EU460×3 手糊层板力学性能为拉伸模量 $E_1 = 2.02 \times 104\,\mathrm{MPa}$，压缩模量 $E_2 = 2.47 \times 104\,\mathrm{MPa}$，密度为 $685\,\mathrm{kg/m^3}$，拉伸强度为 $361\,\mathrm{MPa}$，压缩强度为 $217\,\mathrm{MPa}$，层板极限剪切强度为 $119.3\,\mathrm{MPa}$。

由于本船所用材料为各向异性材料，因此需要准确地创建材料模型。在创建层合板之前，需要创建单层板。并且本船所用的单层板材料为 2D 正交各向异性材料（2D Orhotropic），需要另外定义。在完成所有单层板的材料属性定义以后，就可以用层合板或夹层板的定义，即所谓"铺层"。

2D 正交各向异性材料的有限元模拟，材料的参数设置如图 7.1 所示。

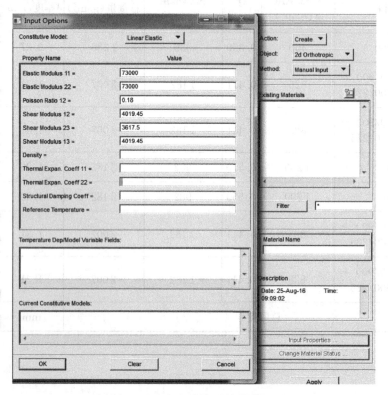

图 7.1 2D 正交各向异性材料参数设置

层合板的有限元模拟、参数设置如图 7.2 所示。

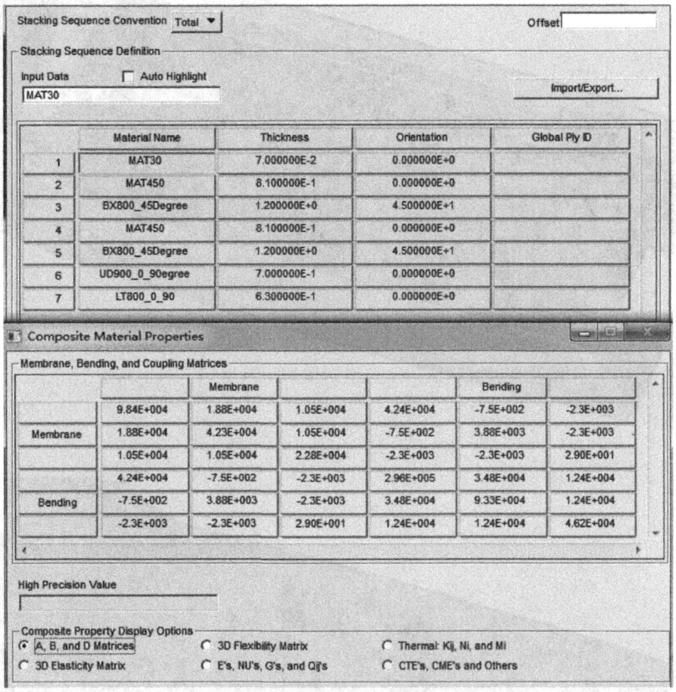

图 7.2　层合板的设置

7.4　载荷计算及工况

7.4.1　单元类型及网格大小

计算模型应采用体板组合单元。夹层结构的面板采用板单元模拟,夹层结构的芯材采用体单元模拟。

全船模型的体单元网格尺寸一般大小为 50 mm×50 mm×50 mm。在片体与连接桥连接处,应对单元进行适当细化。泡沫芯材在厚度方向可只划分一个单元。

7.4.2　结构模型说明

本计算采用大型有限元软件 MSC. Patran/Nastran 对船体结构进行有限元计算,验算其强度。考虑该船船体结构的实际情况,有限元建模基本覆盖全船范围(见图 7.3)。模型纵向范围从船尾到船首,宽度范围选取为全宽,垂向范围为整个型深,到主甲板为止。在有限元模型建立过程中,对于不影响连接桥横向强度、扭转强度及剪切强度校核工作的角隅或圆滑过渡区域,采用直角连接方式来进行简化处理。

此次计算主要是用来校核连接桥的横向强度和扭转强度以及剪切强度。模型范围取整船模型进行计算。并且船体外板、舱壁、甲板和平台、主要支撑构件等均应在模型中予以表达(见图 7.4)。

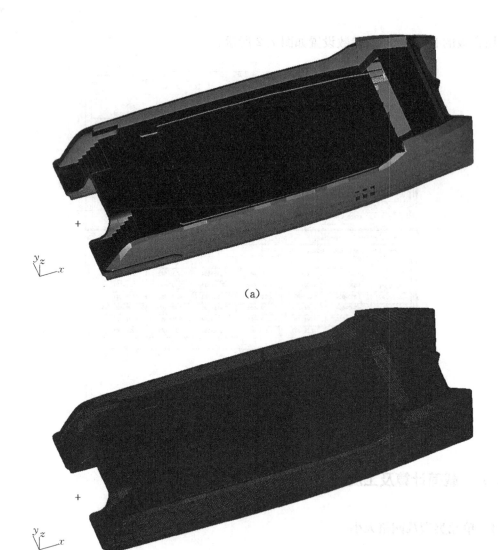

(a)

(b)

图 7.3 全船有限元模型

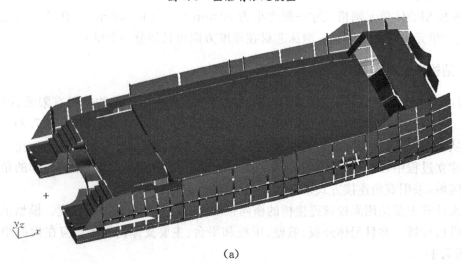

(a)

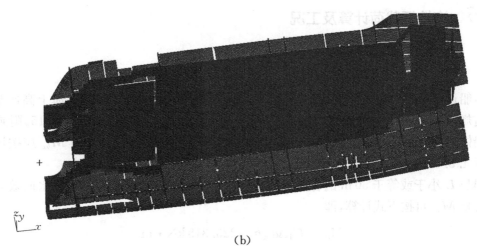

(b)

图 7.4　三维体单元模型

7.4.3　边界条件

（1）在连接桥纵中剖面首尾端取 A 点和 B 点，在任一片体中横剖面舷侧处取 C 点进行约束。

（2）在 A 点约束 x、y、z 轴三个方向的位移，在 B 点约束 y、z 轴方向的位移，在 C 点约束 z 轴方向的位移。

（3）在与首楼上层甲板连接的地方，做适当约束。

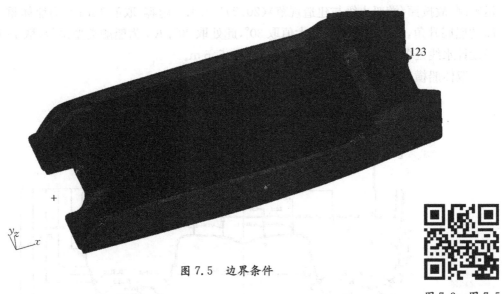

图 7.5　边界条件

图 7.3～图 7.5
（彩色）

7.5 连接桥载荷计算及工况

7.5.1 横向弯矩计算

本船连接桥横向强度计算基于《游艇入级与建造规范》(2012),并参考《海上高速船入级与建造规范》(2015)相关规定进行校核。根据《海上高速船入级与建造规范 2015》附录 2 高速船船体结构直接计算指南中 2.2.2 要求,双体船中纵剖面处的总横弯矩 M_{bx} 应按该规范第 4 章 4.8.6.1 或 4.8.6.2 计算。

船长 L 小于或等于 50 m 的各类双体船,包括常规双体船、穿浪双体船和水面效应船的总横弯矩 M_{bx} 可按下式计算,即

$$M_{bx}=C_1\Delta a_{cg}b=223.318\,\text{kN}\cdot\text{m}$$

式中,C_1 为系数,沿海水域运营限制,取 0.135;b 为片体中心线间距,取 7.1;Δ 为双体船的排水量,取 83.2 t;a_{cg} 为重心处垂向加速度,m/s²,对于除全垫升气垫船外的各类高速船。

按下式计算,前者为游艇规范表达式,后者为高速船规范表达式,即

$$a_{cg}=\frac{1}{426}\left(\frac{V_H}{\sqrt{L}}\right)^{1.4}\left(\frac{H_{1/3}}{B_{WL}}+0.07\right)(50-\beta)\left(\frac{L}{B_{WL}}-2\right)\frac{B_{WL}^3}{\Delta}g=2.728$$

$$a_{cg}=\frac{K_T}{426}\left(\frac{V_H}{\sqrt{L}}\right)^{1.4}\left(\frac{H_{1/3}}{B_{WL}}+0.07\right)(50-\beta)\left(\frac{L}{B_{WL}}-2\right)\frac{B_{WL}^3}{\Delta}g=2.728$$

式中,实际计算取 a_{cg} 为 2.8;V_H 为船在有义波高 $H_{1/3}$ 的波浪中航行的航速,取 11.5 kn;$H_{1/3}$ 为有义波高,本船为航行于距岸不超过 20 n mile 的双体帆船,营运限制为沿海水域营运限制,故按照《游艇入级与建造规范》(2012)1.1.1.2 内容,取值 1 m;β 为船体重心处横剖面的船底升角,最小值取 10°,最大值取 30°,此处取 20°;K_T 为船舶类型系数,取 1;B_{WL} 为系指设计水线处各片体最大型宽之和,2.8×2=5.6 m。

双体船横剖面具体尺寸如图 7.6 所示。

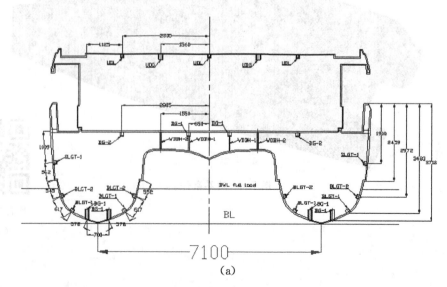

(a)

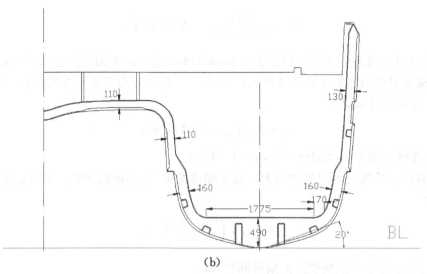

(b)

图 7.6　双体船横剖面整体图及局部放大图

(a) 双体船整体横剖面图；(b) 双体船横剖面局部图

7.5.2　扭转弯矩计算

本船连接桥扭转强度计算参考《海上高速船入级与建造规范》的 4.8.6.4 相关规定。

各类双体船的两片体因不同步纵摇引起的对横向 Y 轴（船宽方向）的扭矩 M_{ty} 可按下式计算，即

$$M_{ty} = C_3 \Delta a_{cg} L = 418.327 \, \mathrm{kN \cdot m}$$

式中，C_3 为系数，沿海水域营运限制，取 0.075；Δ 为满载排水量，取 83.2 t；L 为船长，取 23.94m；a_{cg} 为重心处垂向加速度，取 2.8 m/s^2。

7.5.3　计算工况

双体船连接桥结构分析中，计算如下载荷组合工况：

(1) F_y（向外）。

(2) F_y（向内）。

(3) $0.8F_y$（向外）$+ 0.6M_{ty}$。

(4) $0.8F_y$（向内）$+ 0.6M_{ty}$。

(5) $0.6F_y$（向外）$+ 0.8M_{ty}$。

(6) $0.6F_y$（向内）$+ 0.8M_{ty}$。

(7) 连接桥垂向剪切应力校核。

7.5.4　载荷施加

1. 双体船总横弯矩 M_{bx}

双体船总横弯矩 M_{bx} 通过等效横向对开力施加。等效的横向对开力 f_y 按下式计算，即

$$F_y = \frac{M_{bx}}{z + 0.5d} = 123.722 \, \text{kN}$$

式中,z 为设计水线至连接桥中横剖面中和轴距离,$1.26\,\text{m}$;d 为设计吃水,$1.09\,\text{m}$。

等效横向对开力施加于图 7.8 所示位置,将 F_y 作为分布于整个连接桥长度范围内的分布载荷 q,作用于船体,即

$$q = F_y/L_b = 5.669 \, \text{kN/m}$$

L_b 为连接桥部分实际加载长度,取 $21.612\,\text{m}$。

分布载荷 q 换算为等效集中力 P_i,加于船体的 10 处强横框架处。等效集中力 P_i 按下式确定,即

$$P_i = q \cdot \left(\frac{S_1 + S_2}{2}\right) \text{kN}$$

式中,S_1 和 S_2 分别为强横框架的前后间距,m。

根据本游艇基本结构图(见图 7.7),等效集中力作用的强横框架的前、后间距如图 7.8 所示,等效集中力如表 7.7 所示。

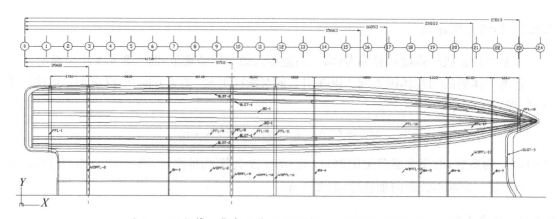

图 7.7　游艇等效集中力作用的强横框架的前后间距示意图

表 7.7　等效集中力

编号	强横框架前间距/mm	强横框架后间距/mm	集中力/kN	集中力/N
1	1.780	0.000	5.05	5045.236
2	3.805	1.780	15.83	15830.14
3	2.945	3.805	19.13	19132.22
4	2.000	2.945	14.02	14016.12
5	1.815	2.000	10.81	10813.24
6	4.880	1.815	18.98	18976.32
7	1.305	4.880	17.53	17530.78
8	2.035	1.305	9.47	9466.904
9	1.260	2.035	9.34	9339.355
10	0.000	1.260	3.57	3571.347

2. 双体船总横扭矩 M_{ty}

双体船总横扭矩 M_{ty} 通过反对称分布的等效力来施加。所谓反对称分布，是指同一个片体以中横剖面为界前、后载荷方向相反，左、右片体的载荷方向亦相反。等效的垂向分布力 P 由下式计算，即

$$P = \frac{4M_{ty}}{L^2} = 3.707(\mathrm{kN/m})$$

式中，L 取加载连接桥长度，计算中 L 取 21.245 m，如图 7.9 所示。

等效垂向分布力应施加于纵向主要构件上，例如纵舱壁、甲板纵桁或船底纵桁上。如图 7.10 所示，当使用集中力时，它应等于分布力乘以该集中力加载区间的长度。

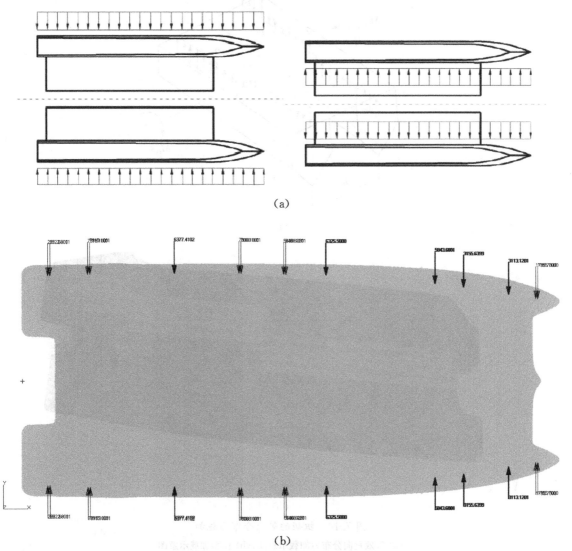

（a）

（b）

图 7.8　横向弯矩的等效对开力施加

（a）等效对开力施加示意图；（b）模型施加力示意图

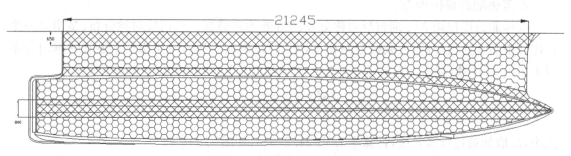

图 7.9　连接桥长度示意图

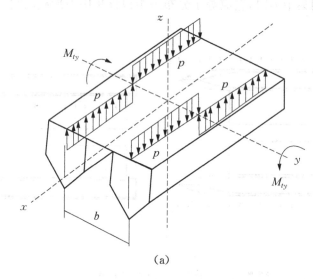

(a)

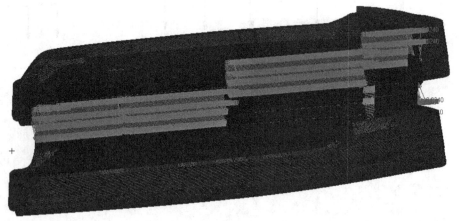

(b)

图 7.10　扭矩的等效分布力施加

(a)等效垂向分布力加载示意图;(b)模型加载示意图

7.6 纵中剖面处垂向剪应力校核计算

7.6.1　垂向剪力计算

根据《海上高速船入级与建造规范》4.8.8.5 规定,还应按 4.8.6.3 规定的剪力 Q_t,计算校核连接桥结构纵剖面承受剪力的构件内的剪应力。

双体游艇在横浪中航行时,除了产生横向弯曲外,由于两个片体之间的不同升沉运动,导致两个片体之间的重力与浮力不平衡,此时连接桥结构在纵中剖面和与之平行的中剖面会产生垂向剪力 Q。当一个片体处于波峰,另一个片体处于波谷时,所产生的垂向剪力最大,如图 7.11 所示。

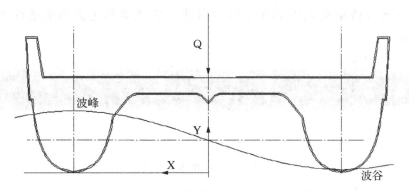

图 7.11　双体游艇在横浪中受垂向剪力示意图

各类双体船在连接桥结构纵中剖面处的垂向剪力 Q_t 可按下式计算,即

$$Q_t = C_2 \Delta a_{cg} = 42.404 (\text{kN})$$

式中,C_2 为系数,沿海营运限制,取 0.182;Δ 为满载排水量,83.2 t;a_{cg} 为数字一重心处的垂向加速度,2.8 m/s²。

作用于连接桥结构纵中剖面处的垂向分布力可按下式计算,即

$$f = Q_t / L_f = 2.0 (\text{kN/m})$$

式中,L_f 为连接桥结构纵中剖面处的加载长度,计算时,取 21.245 m。

7.6.2　作用区域

双体船在连接桥结构纵中剖面处的垂向剪力 Q_t,均布在纵剖面甲板的节点上,如图 7.12 所示。

图 7.12 剪力均布施加区域

7.6.3 约束条件及载荷施加

双体船在连接桥结构纵中剖面处的垂向剪力的载荷和边界约束条件如图 7.13 和图 7.14 所示。

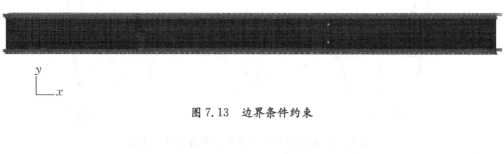

图 7.13 边界条件约束

图 7.14 剪力均布施加效果图

7.7 结果分析

7.7.1 衡准

按照《海上高速船入级与建造规范》附录 3 的规定,对纤维增强复合材料构件,采用"最大应变衡准"衡量结构的完整性,这些限制为纤维增强复合材料提供足够的余量,以尽可能避免层间断裂和纤维各方向的破坏,具体规范如表 7.8、表 7.9 所示。

表 7.8　对轴向拉伸/压缩最大应变的衡准规范表

采用手糊、真空成型的常规模数、中等模数或高强度碳纤维板	采用预浸渍技术成型的常规模数、中等模数或高强度碳纤维板	采用手糊、真空成型的高模数碳纤维板	采用预浸渍技术成型的高模数碳纤维板	玻璃纤维板
0.25%	0.275%	0.25 或 USC*/3	0.275 或 USC/3	0.35

* USC 表示极限压缩应变。

表 7.9　面内剪切应变衡准规范表

采用手糊、真空成型的常规模数、中等模数或高强度碳纤维板	采用预浸渍技术成型的常规模数、中等模数或高强度碳纤维板	采用手糊、真空成型的高模数碳纤维板	采用预浸渍技术成型的高模数碳纤维板	玻璃纤维板
0.45%	0.49%	0.25 或 0.6USC	0.275 或 0.6USC	0.7

* USC 表示极限压缩应变。

本船艇为玻璃纤维板，轴向拉伸/压缩最大应变的衡准为 0.35，面内剪切应变的衡准为 0.7。

7.7.2　计算结果

各工况下，全船层压板单元的最大应力结果值及应变结果值的比较如表 7.10 所示。

表 7.10　各工况下全船层压板单元最大应力应变结果值及校核

应力校核/(N/mm²)	工况 1	工况 2	工况 3	工况 4	工况 5	工况 6	工况 7
最大的 x 轴方向拉伸应变(拉伸/压缩)	0.274% −0.114%	0.114% −0.274%	0.259% −0.111%	0.140% −0.196%	0.250% −0.107%	0.138% −0.192%	0.018% −0.020%
最大的 y 轴方向拉伸应变(拉伸/压缩)	0.345% −0.337%	0.332% −0.341%	0.340% −0.312%	0.349% −0.250%	0.336% −0.348%	0.220% −0.237%	0.038% −0.031%
最大的剪切应变	0.679%	0.526%	0.634%	0.352%	0.331%	0.272%	0.027%
校核结果	满足	满足	满足	满足	满足	满足	满足

7.8 结论

本船艇在计算时，对层合板使用有限元软件，采用单层板逐层叠加成层压板的方法模拟；对夹心层采用体单元直接建模。由于船艇型线、曲度的复杂性，大多数部位的单元网格大小＜50 mm。在对最大应变衡准的时候，一般选取所有层压板中，最大变形的单个单元网格进行比较衡准，应力最大值基本都是应力集中处的个别单元，计算得出的应变计算结果将比较保守。但仍有以下几个部位的高应变值得关注：

（1）连接桥与船体相贯交的位置。

（2）舱壁与船体外板相连接的部位。

（3）舱壁由船体板向连接桥过渡的连接部位。

（4）船首部分主甲板向上突然跃升部分。

按照中国船级社《海上高速船入级与建造规范》相关要求对本船总横强度、扭转强度直接计算和剪切强度计算，结果显示：该船的船体结构满足规范要求。

附录1 工况1的应力云图

扫描二维码获取工况1的应力云图。

工况1的应力云图

附录2 Patran 软件部分使用技巧

（1）Q：在 Patran 里如何 Move 一组 Points 的位置，而不改变这组 Points 的 ID 编号？

A：Group/Transform/Translate 的功能，这样不但编号不会变，连 property 跟边界条件都会保留。

（2）Q：如何将 Patran 中两个实体的表面或两个面的边界绑定在一起？

A：一般先用 Patran 的 verify/boundary 命令来检查是否存在重复节点，然后用 Equivalence 命令来消除它。

（3）Q：Patran 如何把误点击的 Equivence 的 node 再分开？

A：用 Utility/FEM-Elements/Separate Elements，在 equivalence 时，可以将选项切换为 List，只选择特定的某些节点做 equivalence，这就可以避免失误。

（4）Q：Patran 如何将 Tri3 单元转换为 Tri6 单元？

A：在 Patran＞Element＞Modify/Element/Edit，将 Type 选项打钩，在 Shape 中选 Tri，New Shape 选 Tri6，最后选取想要改变的 Tri3 单元。

（5）Q：计算完毕后，只想显示应力超过某个值的单元，而其他单元不想显示，如何设置？

A：tool＞list＞creat，方法选 attribute，设 f 大于要求的力，apply 以后选中在 list 里面的即为你要求的。再用 plot/erase 不显示不要的单元。

（6）Q：自重怎么加到模型上去？

A：自重是在 load/BCs 中加的，create＞inertial load＞element 在 input data＞Load/BC set scale Factor［输入加速度的值一般取 9.8］，Trans Accel(a1 a2 a3)＜0 0 −1＞（力是沿 Z 轴向下），单击"ok"。

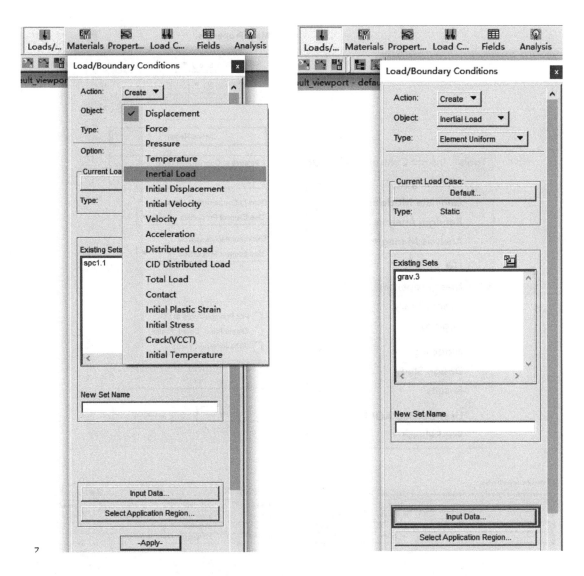

(7) Q：改变 Patran 界面的背景颜色。

A：单击工具栏 Display＞Cycle Background，可以循环选择，将背景改为黑色、白色和蓝色。

(8) Q：如何知道模型质量和惯量？

A：单击工具栏 Tools＞Mass Properties，单击"Define Region"选择区域或者 Group，依次单击"OK"→"Apply"，就会显示质量重心和惯性矩。

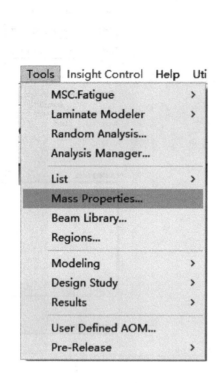

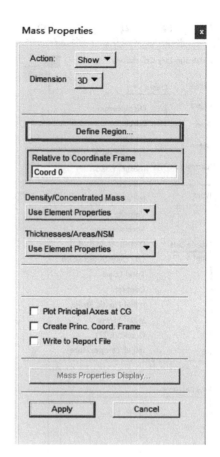

（9）MPC。

MPC(Multi-point Constraints)即多点约束，在有限元计算中应用很广泛，它允许在计算模型不同的自由度之间强加约束。简单来说，MPC 定义的是一种节点自由度的耦合关系，即以一个节点的某几个自由度为标准值，然后令其他指定的节点的某几个自由度与这个标准值建立某种关系。多点约束常用于表征一些特定的物理现象，比如刚性连接、铰接、滑动等,多点约束也可用于不相容单元间的载荷传递,是一项重要的有限元建模技术。在不同的求解器模板下可以在 Patran 中定义不同的 MPC,比较常用的有 RBE2、RBE3、EXPLICIT、RBAR、RROD、RJOINT 等,具体的使用根据计算模型来定,MPC 类型如下图所示。

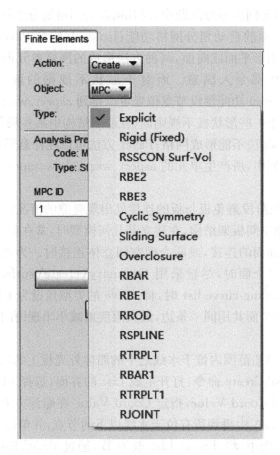

RROD——1 个自由度,在延伸方向是刚性的。

RBAR——刚性杆,不同于 RROD 的是在杆的端点有 6 个自由度。

RJOINT——刚性铰,铰的每个端点有 6 个自由度。

RTRPLT——刚性三角形平板,每个顶点具有 6 个自由度。

RBE2——用于一个刚性体连接到任意数目的网格节点上,其主自由度是某个节点的 6 个方向的运动。

RBE1——同样是用于将刚性体连接到任意数目的节点上,其主自由度和从自由度可由用户任意选取。

RBE3——用于定义某个节点的运动是其他节点运动的加权平均。

(10) Q:如何保证结构模型的质量分布与实船相同?

A:在对船舶结构的动态特性进行计算时,必须保证结构模型的质量分布与实船相同。因此,在进行分析之前要验证模型的质量分布,如与实船不同,要在有差异的位置上添加附加的质量单元以改进质量分布。对模型质量分布的验证可以利用 Tools 工具集中的 Mass Property 工具来完成。

(11) IsoMesh 法与 Paver 方法。

在船舶结构的有限元网格划分问题中,对几何面的网格划分工作占相当大比例。MSC. Patran 提供了两种对于面的自动划分网格功能:IsoMesh 法与 Paver 方法。在建模过程中发现,对于形状规则的矩形平面或曲面,两种方法形成的网格单元形状都比较规则,aspect、warp、skew、taper 属性都令人满意。而对于形状不规则的面,IsoMesh 法通过利用 Element\create\Mesh Seed 功能预设节点位置可以得到 aspect、warp、skew、taper 属性比较令人满意的单元,但对于一些形状极不规则面(在船舶结构中某些局部位置这种面的不规则是难以避免的),IsoMesh 法不能形成网格;Paver 方法可以在任意形状的面上形成四边形网格,但在形状极不规则面中,所产生单元的 aspect、warp、skew、taper 属性不能得到保证。

(12) 如何几何建模阶段避免板与板的连接处出现缝隙的情况?

船舶是复杂的三维空间板架结构,在建立其几何模型时,常在板与板的连接处出现缝隙的情况,尤其是曲面与曲面的连接,或两个面空间立体连接时。为避免此现象的发生,在构成相连接的面形成第二个面时,尽量采用 Geometry\create\surface\curve 方法,在选取 starting curve list 或 ending curve list 时,将 curve 的类型预设为 edge(与其相连的已形成的面上的边),以保证两个面共用同一条边,最大限度地减小出现面间缝隙的可能。

(13) Q:如何选择整船范围内位于水线之下的船体外壳板上的板壳单元?

A:通过 Tools\List\Create 命令,打开生成 List 的界面,选择 FEM\Node\Attribute 选项,在 Attribute 中选择 Coord Value,指定 Coord Value 在船深方向的分量小于水线高度,单击 Apply 按钮,在 ListA 中得到所有位于水线以下的节点,并单击 Add to Group 按钮,将结果存入一个新创建的组中;将 Target List 改为 B,通过 FEM\Element\Associate 命令,指定关联目标是 Node,在 Node 数据框中添加所有 ListA 中的节点编号,单击 Apply 按钮,在 ListB 中得到所有位于水线以下的 2D 板壳单元,并单击 Add to Group 按钮,将其存入新创建的组中;仿照以上的操作,将 Target List 改为 A,选择 FEM\Element\Property 命令,指定单元属性为船体外板单元的属性,单击 Apply 按钮,将 ListA 更新为所有位于船体外板上的 2D 板壳单元,并单击 Add to Group 按钮,将结果存入一个新创建的组中。使用 Tools\List\Boolean 命令,对 ListA 与 ListB 进行"Boolean 和"运算,即可得到同时满足在水线以下,并位于船体外板上两个条件的所有 2D 单元。

(14) 在建模过程中 Group 功能的使用。

利用 MSC. Patran 提供的 Group(群组)功能,可以在建模中对大型复杂空间结构进行分解,以位置、构件特点等为原则,对构件进行分组,使每一个组中的结构都尽量简单并容易进行几何、单元元素的查找与选择,从而避免这种因结构过于复杂而造成的建模困难,加快建模的速度。

　　组的应用除了可以方便几何对象或单元对象的选取外,还可以通过对组的 Transform 操作简化建模的过程。对于具有较长范围的平行中体的常规船舶来说,可以首先建立平行中体中的一个舱段,然后使用 Group\Transform\Translate 命令,选择 Copy 选项和移动的次数,在相应方向上进行组的平移,从而一次性在相应的位置上生成所有的结构相同的新舱段。对于具有对称性的结构,可以只建立一半的模型,通过 Group\Transform\Mirror 命令,选择 Copy 选项,来生成对称面另一侧的半个模型。在船舶结构的角隅处有些倾斜的构件可以通过在方便的位置建立相应的结构,再使用 Group\Transform\Rotate 命令,选择 Move 选项,将其旋转到正确的位置。组中的 Transform 命令与几何菜单和单元菜单下的 Transform 命令相比功能更为强大。几何菜单和单元菜单下的 Transform 命令只是对产生的几何对象或单元对象进行转换,对于已经划分好单元并已对单元附加了属性,甚至已经施加了外力和约束条件的结构,并不能使这些单元属性、外力和约束条件同时转换过去。而对这些通过转换得到的新结构赋予单元属性、施加外力和约束条件是一个费时且枯燥的过程,对于船舶结构这种复杂的三维结构尤其如此。而组中 Transform 命令界面中有 Transform loads/BCs 和 Transform Properties 选项,选中这两个选项,可以在对几何对象或单元对象进行转换的同时,将已经定义好的单元属性和力、位移边界条件也转换到新形成的结构中,节省了大量的时间和精力。

参考文献

［1］孙丽萍. 船舶结构有限元分析［M］. 哈尔滨：哈尔滨工程大学出版社，2013.

［2］金咸定，夏利娟. 船体振动学［M］. 上海：上海交通大学出版社，2011.

［3］姚熊亮，武国勋，王志凯. 船体结构振动噪声与控制［M］. 北京：科学出版社，2024.

［4］杨永谦，肖金生，刘杰，等. 实用有限元分析技术：ANSYS 专题与技巧［M］，北京：机械工业出版社，2010.

［5］张新伟，吴小康，陆利平. 40 万吨矿砂船全船和局部振动研究［J］. 中国造船，2011，52（1）：26－38.

［6］刁玉峰. 船舶舾装工程［M］. 哈尔滨：哈尔滨工程大学出版社，2006.

［7］刘兵山，黄聪. Patran 从入门到精通［M］. 北京：中国水利水电出版社，2003.

［8］中国船级社. 船上振动控制指南［M］. 北京：人民交通出版社，2021.

［9］中国船级社. 油船结构强度直接计算指南［M］. 北京：人民交通出版社，2003.

［10］中国船级社. 钢质海船入级规范［M］. 北京：人民交通出版社，2023.

［11］中国船级社. 船舶与海上设施起重设备规范［M］. 北京：人民交通出版社，2016.

［12］中国船级社. 船体结构疲劳强度指南［M］. 北京：人民交通出版社，2021.